A Nova Lei de Murphy

Dez regras pouco convencionais para fazer tudo dar certo em sua vida

"Se alguma coisa pode dar certo,
faça-a dar certo."

Emmet C. Murphy

A Nova Lei de Murphy

Dez regras pouco convencionais para fazer tudo dar certo em sua vida

SEXTANTE

TÍTULO DA EDIÇÃO ORIGINAL: *The New Murphy's Law*

TRADUÇÃO
Rosane Neves

PREPARO DE ORIGINAIS
Débora Chaves

REVISÃO
Clara Diament
Sérgio Bellinello Soares

CAPA
Glenda Rubinstein

PROJETO GRÁFICO E DIAGRAMAÇÃO
Marcia Raed

FOTOLITOS
RR Donnelley América Latina

IMPRESSÃO E ACABAMENTO
Lis Gráfica e Editora Ltda.

CIP-BRASIL. CATALOGAÇÃO-NA-FONTE.
SINDICATO NACIONAL DOS EDITORES DE LIVROS, RJ

M96n

Murphy, Emmett C.
A nova lei de Murphy
/ Emmett C. Murphy ; tradução de Rosane Neves e Silva. – Rio de Janeiro : Sextante, 2004.

Tradução de: The new Murphy's law
ISBN 85-7542-100-X

1. Murphy, Lei de. 2. Sucesso. 3. Felicidade. I. Título.

03-2539. CDD 158.1
CDU 159.947

Editora Sextante / GMT Editores Ltda.
Rua Voluntários da Pátria, 45 – Gr. 1.404 – Botafogo
22270-000 – Rio de Janeiro – RJ
Tel.: (21) 2286-9944 – Fax: (21) 2286-9244
Central de Atendimento: 0800-22-6306
E-mail: atendimento@esextante.com.br
www.sextante.com.br

Sumário

Introdução: A Nova Lei de Murphy

"Se alguma coisa pode dar certo, faça-a dar certo."

EMMETT C. MURPHY SR.

Meu pai me deu um presente inestimável ao perceber que seu fim estava próximo. Respondeu-me com um sorriso quando perguntei como estava passando: "Estou fantástico, meu filho!" Essa era sua atitude em relação à vida. E também em relação à morte. Dou muito valor a esse presente.

Pouco tempo depois, ele faleceu tranqüilamente. Como a maioria dos filhos cujos pais tiveram uma vida feliz, parei para refletir sobre a herança que ele me deixou. Não, eu não herdei dinheiro ou bens materiais. Meu pai, Emmett C. Murphy Sr., não era um homem rico. Seu legado foi um conjunto de valores e princípios de vida que me foram mais úteis do que qualquer fundo de ações. É o que chamo de *A Nova Lei de Murphy*.

Fui criado na parte setentrional do estado de Nova York, onde a neve não cai do céu simplesmente, ela vem em avalanche, encobrindo o gramado, a entrada da garagem e a calçada. Para meus olhos de criança, essas montanhas brancas pareciam ser imensas e intransponíveis. Lembro que meu pai chegou a quebrar pás ao tentar liberar o caminho para o Sr. Ferry, o carteiro, que era adepto daquele velho provérbio de que uma carta sempre deve ser entregue, não importa como. A cena era inusitada: os dois homens se encontrando na calçada, o Sr. Ferry agasalhado da cabeça aos pés e meu pai suando por causa do exercício e vestindo só um suéter fino. "Que dia maravilhoso, Sr. Ferry", dizia meu pai. "Isso mesmo, Sr. Murphy. Como está passando neste belo dia?", respondia o carteiro. Meu pai dava um largo sorriso, levantava a pá em saudação e respondia: "Estou fantástico, Sr. Ferry!" O carteiro dava um risinho e dizia: "Uma ótima manhã, Senhor Fantástico!"

Senhor Fantástico. Esse apelido passou a integrar o repertório de anedotas da vizinhança e foi motivo de bastante constrangimento para mim no início da adolescência. Um dia confrontei meu pai, afirmando que era besteira dizer que a vida está sempre fantástica: "O Sr. O'Connell perdeu o emprego, os Devlin estão se divorciando e Tommy Callahan teve de ser operado do coração. As coisas vivem dando errado, mas você continua dizendo que está tudo fantástico. Não entendo."

Ainda o vejo sentado na mesa da cozinha fazendo um pequeno discurso que mudaria para sempre a minha visão do mundo. "Existem dois tipos de Murphys: o Velho Murphy e o Novo Murphy", disse ele. "A Velha Lei de Murphy arruma uma desculpa para o fracasso, enquanto a Nova Lei de Murphy faz você acreditar no sucesso."

Eu não fazia idéia do que ele estava falando até ele explicar melhor: "Filho, a maioria das pessoas concorda com a Velha Lei de Murphy, a de que, se alguma coisa pode dar errado, vai dar. Eu acredito na Nova Lei de Murphy: se alguma coisa pode dar certo, eu posso *fazê-la* dar certo. Eu escolhi a esperança, e não o pessimismo, para guiar minha vida."

Se alguma coisa pode dar certo, eu posso fazê-la dar certo. Durante anos a fio guardei esse lema no coração e isso me foi muito útil. Mas isso não funciona só para mim. Em minhas viagens e pesquisas nos últimos trinta anos, conheci e trabalhei com centenas de outras pessoas que acreditam na Nova Lei de Murphy. Estudando o modo como elas vivem e trabalham, identifiquei dez regras que qualquer um pode seguir para alcançar sucesso profissional e pessoal.

É disso que este livro trata. Nas próximas páginas, você conhecerá algumas pessoas notáveis, que trocaram o pessimismo pela esperança, o fracasso pelo sucesso, o "Estou bem" pelo "Estou fantástico!". Essas regras costumam virar pelo avesso a sabedoria popular.

Otimismo pragmático

Antes de explorar essas dez regras, no entanto, eu gostaria de falar sobre o que eu chamo de *otimismo pragmático.* Meu pai foi um grande otimista pragmático. Ele via o processo rotineiro da vida – e os desafios que dele advêm – como motivo de comemoração. Conforme eu amadurecia, discutindo e, às vezes, reclamando dos meus problemas, meu pai me lembrava que a oportunidade de enfrentar esses desafios era motivo suficiente para ter esperança. Para ele, a esperança não é um conceito abstrato. Ele sabia que, como bem observou o filósofo George Santayana, "palavras sem ação são os assassinos do idealismo".

Os otimistas pragmáticos agradecem por estar vivos e unem a esperança à ação, acreditando firmemente que as pessoas sempre podem conseguir resultados melhores em suas vidas. Enquanto os Velhos Murphys culpam o destino pelo fracasso e fogem da responsabilidade, os Novos Murphys assumem tanto o fracasso quanto o sucesso e agradecem a oportunidade de aprender a como controlar melhor suas vidas. Para eles, o otimismo é como um músculo, que se fortalece com a prática diária.

Esse conceito é o princípio unificador das dez regras que colocam em ação a Nova Lei de Murphy. Essas regras permitem que qualquer pessoa atolada no pessimismo da Velha Lei de Murphy construa uma vida de esperança.

Regra nº 1: Corra em direção ao rugido do leão
Regra nº 2: Não se comunique apenas: estabeleça uma conexão
Regra nº 3: Faça da mudança sua aliada constante
Regra nº 4: Ganhe poder renunciando a ele
Regra nº 5: Pratique a humildade estratégica
Regra nº 6: Gaste seu tempo com o que realmente vale a pena
Regra nº 7: Jogue a raiva fora
Regra nº 8: Faça a coisa certa
Regra nº 9: Dê mais do que recebe
Regra nº 10: NUNCA desista

Cada capítulo deste livro irá mostrar como praticar cada uma dessas dez novas regras para alcançar o sucesso. As histórias que uso como exemplos vêm dos caminhos percorridos de cada um na vida e do vasto tesouro de nossas experiências coletivas. Servem como parábolas das quais podemos tirar lições valiosas sobre a força do otimismo pragmático que reside em todos nós.

O mágico dentro de nós

O romance de L. Frank Baum, *O Mágico de Oz*, e o filme baseado no livro encantaram milhões de pessoas em todo o mundo, em grande parte porque a história ensina uma lição eterna. Dorothy e seus companheiros – o Leão, o Espantalho e o Homem de Lata – seguiram a estrada de tijolos amarelos até a cidade chamada Esmeralda porque pensavam que um poderoso mágico poderia realizar o sonho de cada um (voltar para casa, criar coragem, conseguir um cérebro e ganhar um coração).

No final, os quatro descobrem que nenhum mágico poderia resolver seus problemas, somente eles próprios, depois de uma longa e perigosa viagem de autoconhecimento. Resumo da ópera: quaisquer que sejam os seus objetivos e desejos, você os realizará se continuar sua jornada com esperança, otimismo pragmático e fé na Nova Lei de Murphy.

Nas próximas páginas, vamos conhecer histórias de pessoas que demonstram a força dessas regras ao longo do caminho. Se algum capítulo chamar sua atenção, vá direto para ele. O livro foi concebido de forma a permitir tanto uma leitura linear, do início ao fim, quanto um acesso fácil e pontual.

Antes de seguir adiante, pare por alguns minutos e reflita sobre a sua própria estrada de tijolos amarelos. Pense onde já esteve, onde está agora e onde quer estar daqui a cinco ou dez anos. Esse arco-íris de possibilidades flui das convicções e valores que guiam a sua vida e dão forma a cada decisão que você toma sobre como viver. Espere pelo pior e ele virá. Espere pelo melhor, como meu pai sempre fez, e você o conseguirá. Acredite nisso: "Se alguma coisa pode dar certo, você pode *fazê-la* dar certo."

REGRA Nº 1

Corra em direção ao rugido do leão

"Coragem é estar morto de medo...
e carregar alguém nas costas mesmo assim."

John Wayne

Imagine que você é um antílope pastando numa clareira e o rugido de um leão subitamente corta o ar. Seu instinto natural seria fugir para longe do rugido? Nesse caso, você estaria indo para os braços da morte, porque é justamente assim que os leões esperam que suas presas ajam. O macho do bando se move furtivamente para a posição exata que o antílope escolheria como sua melhor rota de fuga, enquanto as leoas ficam de tocaia no lado oposto. Com a armadilha preparada, o leão ruge com toda força. É claro que o antílope assustado corre – direto para as garras das leoas que aguardam por ele.

Quando pressentimos ameaças à nossa felicidade ou segurança, todos nós, humanos, costumamos correr para longe do "rugido". Mas, tal e qual o antílope assustado, quase sempre nos deparamos com situações ainda mais traiçoeiras do que aquela da qual pensamos estar fugindo. A sobrevivência e o sucesso estão na direção do leão que ruge.

Essa lição aplica-se ao cotidiano do trabalho e da vida pessoal. Se examinarmos detidamente uma situação que pareça bem assustadora a princípio – como, por exemplo, uma discussão com seu chefe –, ela geralmente acaba parecendo menos perigosa do que outras circunstâncias, como perder o emprego ou não conseguir dar o melhor de si. Em vez de fugir do conflito, você deve procurar enfrentar e resolver o problema. Ou seja, quando alguma coisa dá errado em sua vida, corra em direção ao rugido, e não para longe dele.

Marliese Mitchell, uma das mais interessantes clientes e amigas que já tive, seguiu essa regra durante toda sua vida. Tendo imigrado da Alemanha para os Estados Unidos ainda jovem, Marliese se sustentava trabalhando como modelo, um trabalho provisório até ela se formar em enfermagem. Depois de formada, ela logo se mostrou insatisfeita com o trabalho e decidiu que queria fazer mestrado e seguir carreira em administração hospitalar. Já casada e mãe de cinco filhos, ela fez o curso de mestrado da Universidade de Harvard e galgou rapidamente os degraus da profissão, de auxiliar de enfermagem até presidente da maior firma de consultoria hospitalar do mundo. Foi quando ela ouviu o rugido.

Ao ser nomeada para dirigir um hospital no sudeste da Ásia, ela tomou conhecimento de um boato envolvendo a venda de bebês recém-nascidos. Seus colegas aconselharam-na a não se envolver na investigação desses rumores, pois isso poderia arruinar sua carreira. Mas, e se as acusações fossem verdadeiras? Ela sabia que não poderia viver em paz com a sua consciência se as ignorasse.

Trabalhando incógnita como auxiliar de enfermagem, em três semanas Marliese Mitchell descobriu que a situação era muito pior do que ela imaginava. Uma rede criminosa formada por babás, médicos e oficiais do alto escalão do governo comprava recém-nascidas e as transformava cirurgicamente em meninos, de forma a poder revendê-las para adoção a um preço bem mais alto. Praticamente sem a ajuda de ninguém, Marliese descobriu evidências que levaram à condenação dos envolvidos.

Seu esforço atraiu a atenção e o apoio das Nações Unidas, da Organização Mundial da Saúde, dos Estados Unidos e de outros governos. Marliese acabou sendo conhecida como uma das mais capazes e persistentes líderes da área de saúde do mundo. Ao correr em direção ao rugido (em vez de correr para longe dele), ela fez com que uma coisa muito errada desse certo.

A história de Marliese Mitchell acentua o impacto que as ações corajosas podem causar. Quem sabe quantas centenas – ou até mesmo milhares – de recém-nascidas inocentes poderiam ter sido mutiladas e vendidas se Marliese não tivesse escolhido a coragem em lugar da complacência? Vontade de fazer a coisa certa, por maior que seja o risco pessoal, é o principal traço de personalidade que separa o Velho Murphy do Novo Murphy.

Veja, a seguir, quatro boas razões para que cada um de nós comece a correr na direção do rugido:

- Faça-o por si mesmo
- Faça-o pela sua equipe
- Faça-o pela sua comunidade
- Faça-o pelo mundo.

Embora a coragem assuma muitas formas diferentes, ela começa com a vontade de fazer com que alguma coisa dê certo, mesmo quando isso representa um risco pessoal.

Alguma vez você já quis ardentemente atingir um objetivo pessoal ou profissional apenas para escutar as pessoas dizerem que achavam que você não conseguiria? Se os amigos, a família ou os colegas de trabalho duvidarem de sua capacidade, você tem coragem de ser a única pessoa a insistir que pode fazer aquilo que deseja?

Você se considera um "membro da equipe"? Se vê o bem-estar – ou até mesmo as vidas – de outros membros da equipe em risco, você toma a frente e luta ferozmente pela felicidade deles?

Se um sacrifício corajoso de sua parte pudesse beneficiar todas as gerações futuras, você deixaria seus medos de lado?

Você já detectou alguma injustiça? Nesse caso, você criticou baixinho ou defendeu em alto e bom som suas idéias contra aquela situação?

Faça-o por si mesmo

Hoje em dia, John Hockenberry é um bem-sucedido repórter da rede NBC e apresenta seu próprio programa semanal numa empresa de TV a cabo. Há alguns anos, no entanto, o futuro de Hockenberry não parecia tão favorável.

Durante as férias de verão, em 1976, quando Hockenberry ainda era estudante na Universidade de Chicago, ele decidiu pedir carona, junto com seu colega de quarto, até Massachusetts. No meio da tarde daquele dia claro e ensolarado, Hockenberry e os outros ocupantes do carro, incluindo a motorista, pegaram no sono. Eles acordaram violentamente quando o carro rompeu a cerca de proteção da estrada e rolou pelo barranco abaixo.

Em sua recente biografia, ele conta: "Eu tentei sair do carro, mas, quando toquei nos joelhos e só senti as mãos, soube que minha medula espinhal tinha sido atingida. A mais forte sensação que já experimentei foi não ter sensação alguma."

Dos quatro ocupantes do carro, apenas a motorista morreu. O colega de Hockenberry e a amiga da motorista escaparam praticamente ilesos. Já Hockenberry teve fraturas no crânio, nas costelas, no ombro e na clavícula, além dos danos à medula espinhal. Paralisado do peito para baixo, ele estava condenado a viver o resto da vida numa cadeira de rodas.

O processo de reabilitação foi difícil e extenuante, mas bem menos desafiador do que a recuperação psicológica. Embora sentimentos de medo e impotência varressem sua mente, Hockenberry não se permitia afundar na autopiedade. Apenas um ano após o acidente, ele retomou as aulas na Universidade de Chicago, mas o fato de que só um prédio da universidade tinha acesso para cadeira de rodas levou Hockenberry a pedir transferência para a Universidade de Oregon. Lá, morou sozinho e encontrou emprego em uma clínica para portadores de deficiência física. Para provar à supervisora na clínica sua capacidade, Hockenberry trabalhou como um louco. "O setor estava bem atrás em termos de papelada e cumprimento da programação, mas uma semana após a minha contratação estávamos adiantados no cronograma", conta ele.

Mais tarde, quando a primeira chance como jornalista surgiu, Hockenberry abraçou aquele desafio com o mesmo entusiasmo e confiança demonstrados na clínica. Ele trabalhava como repórter da KLCC, a estação pública de rádio de Eugene, quando o Monte Santa Helena, um vulcão há muito adormecido, entrou em erupção violentamente. Como a estação da KLCC era a mais próxima, ela tornou-se a principal fonte de cobertura de notícias para a NPR, a rádio pública nacional. No início, Howard Berkes, o principal repórter da estação, cobriu a história com exclusividade, deixando para Hockenberry todas as outras notícias da área. Quando Berkes passou a ser um correspondente regular da NPR, os editores da rádio em Washington designaram Hockenberry para continuar a cobertura sobre o Monte Santa Helena.

A deficiência física de Hockenberry não o impediu de progredir na carreira. Muito pelo contrário. Mesmo de cadeira de rodas, ele enfrentou tarefas árduas até para um repórter sem problemas físicos, como a viagem até a Faixa de Gaza para cobrir a revolta dos palestinos de 1987. Nessas situações adversas, as pessoas lhe ofereceram ajuda, empurrando a cadeira ou mesmo carregando-o nos ombros, se necessário. Sua bravura extraordinária inspira admiração, nunca pena.

Ao longo de todos esses anos, Hockenberry tem trabalhado para acabar com os estereótipos e preconceitos que ameaçam impedi-lo de alcançar seus objetivos: "Para conseguir alguma coisa nessa luta, eu tenho que mostrar o caminho para que outros corram em direção ao rugido."

Faça-o pela sua equipe

O rugido ouvido por Audie Murphy na verdade ecoou no mundo inteiro: a Segunda Guerra Mundial. Ator que alcançou fama considerável em Hollywood nos anos 1950, Audie foi o soldado americano mais condecorado da Segunda Guerra Mundial. Sem o luxo de um diretor por trás para gritar "Corta!", Murphy lutou bravamente para salvar a própria vida e a de seus companheiros, como mostra *Terrível Como o Inferno*, filme baseado em sua vida.

O primeiro dos incontáveis atos de coragem de Murphy aconteceu em 15 de agosto de 1944. Ele e um amigo, o soldado Lattie Tipton, receberam ordens para defender uma posição em uma colina tomada por inimigos. Já sem munição e com seu companheiro morto, ele atravessou uma barreira de balas e soldados alemães para pegar a arma de um inimigo morto. Em seguida, tornou a subir a colina e acabou com os inimigos em suas próprias trincheiras. "Seu heroísmo extraordinário resultou na conquista de uma colina muito disputada e na captura de uma guarnição inimiga inteira", como se lê na homenagem que recebeu por seu desempenho naquele dia.

Para a maioria das pessoas, esses atos de extrema coragem seriam o bastante para a vida inteira, mas a coragem de Murphy tornou-se quase rotina, à medida que ele sobrevivia miraculosamente a sucessivos enfrentamentos, praticando um ato de bravura atrás do outro. Dizem que ele sozinho eliminou mais de 200 soldados inimigos durante seu tempo de serviço.

Quando Audie Murphy voltou para casa, foi lançado por Hollywood num filme ao lado de James Cagney. Mas logo Murphy começou a sofrer de uma doença chamada síndrome de estresse pós-traumático, que atormenta muitos soldados após a guerra. Seus problemas emocionais o levaram a viciar-se em pílulas para dormir, mas ele demonstrou a mesma coragem daquelas batalhas. Trancou-se num quarto de hotel por uma semana e limpou o organismo das drogas. Já recuperado, Murphy falou publicamente sobre seus problemas e pediu que o governo gastasse mais tempo e dinheiro estudando as causas e os possíveis tratamentos para curar os efeitos resultantes dos traumas de guerra.

Em 28 de maio de 1971, o avião em que viajava perdeu-se durante uma tempestade e bateu em uma montanha perto de Roanoke, Virgínia. Audie Murphy foi enterrado com honras militares no Cemitério Nacional de Arlington, deixando um legado de coragem e uma vontade altruísta de proteger os outros. Apenas o túmulo do presidente John F. Kennedy é mais visitado do que o de Audie Murphy.

Faça-o pela sua comunidade

O rugido do racismo começou a ser ouvido nos Estados Unidos em 1955 graças a uma heroína inesperada, que praticou um ato de desobediência civil e deu início ao que mais tarde ficou conhecido como Movimento pelos Direitos Civis. Rosa Parks era uma costureira quieta e reservada, mas envolveu-se numa briga com um motorista de ônibus branco simplesmente porque queria voltar para casa após um longo dia de trabalho.

Rosa Louise McCauley nasceu no Alabama e foi criada pela mãe, uma professora primária que ressaltava a importância do progresso acadêmico e incutia na filha o senso de orgulho de si mesma e de sua raça. Ao casar-se com Raymond Parks, um barbeiro que participava de grupos de direitos civis, Rosa começou também a trabalhar para a NAACP (National Association for the Advancement of Colored People), uma associação que ajuda pessoas negras a progredirem na vida e no trabalho. Rosa gostava especialmente do trabalho como conselheira de jovens. "Eu mostrava como eles deveriam se comportar em instalações públicas... e também como deveriam agir se fossem presos."

Ironicamente, em 1º de dezembro de 1955, Rosa Parks foi presa. No ônibus de volta para casa, ela recusou-se a sair de onde estava quando o motorista ordenou que ela e outros três passageiros negros levantassem para dar lugar a um passageiro branco que tinha acabado de embarcar. Naquela época, as leis de segregação determinavam que houvesse uma área separada no fundo dos ônibus para os negros. Rosa estava sentada na primeira fila do "setor para negros", mas o motorista decidiu que, em vez de deixar o passageiro branco em pé, era preferível que o setor de negros perdesse uma fileira: a fileira onde Rosa estava.

Depois de ter sofrido anos de humilhação e discriminação, Rosa Parks sabia que finalmente havia chegado a hora de assumir uma posição firme. O motorista ameaçou mandar prendê-la, mas Rosa não se curvou. Apesar de os outros três passageiros de sua fileira terem aberto mão de seus lugares sem reclamar, Rosa recusou-se educadamente. Pressentindo problemas, muitos dos passageiros negros desceram do ônibus, enquanto todos os passageiros brancos permaneceram. Quando os policiais chegaram, perguntaram a Rosa se ela havia contrariado as ordens do motorista. Em meio a uma multidão de brancos irados, ela respondeu que não achava que deveria obedecer a tal ordem. Foi presa imediatamente. No dia seguinte, seu drama estava na primeira página dos jornais.

Um jovem pastor chamado Martin Luther King liderou os atos de repúdio à prisão. No dia do seu julgamento, a população negra de toda Montgomery boicotou os ônibus, preferindo caminhar ou utilizar outro meio de transporte. O boicote durou 382 dias, só terminando depois que a Suprema Corte dos Estados Unidos tornou ilegal a segregação em ônibus municipais. A vitória marcou o primeiro grande passo dos negros americanos rumo ao reconhecimento de seus direitos civis.

Para Rosa Parks, a sensação ainda não era de vitória. "Ainda há muita coisa a fazer."

Essas palavras ainda espelham a realidade, mas Rosa nunca se esquivou de suas obrigações com a comunidade, dando sempre que possível seu apoio a atos em favor dos direitos civis. Apesar das cartas ameaçadoras que recebeu após o boicote, ela seguiu em frente, engajando-se em atividades que poderiam ter importância para a comunidade, incluindo a criação do Instituto Rosa e Raymond Parks para o Autodesenvolvimento.

Faça-o pelo mundo

Muitas pessoas dedicam-se a invenções e descobertas em busca de fama e dinheiro. Outras, porém, sonham em resolver os quebra-cabeças da natureza pelo mero prazer de fazê-lo. Foi o caso de Marie Curie, primeira mulher a receber um Prêmio Nobel na área de Ciências, honraria que recebeu duas vezes, pela descoberta do elemento químico rádio e pela invenção da primeira máquina de raios X móvel.

Nascida em Varsóvia, Polônia, em 1867, Marie Sklodowska era de família humilde. Sua mãe morreu muito jovem e seu pai não conseguia o suficiente para sustentar a família. Assim, ela e suas irmãs foram trabalhar cedo para sobreviver. A jovem Marie teve a sorte de conseguir uma vaga como professora particular na casa de uma família, o que lhe deu a chance de ganhar a vida usando seu melhor atributo: o cérebro.

Com isso, ela conseguiu dinheiro suficiente para ajudar o pai e sua irmã Bronya, que tinha se mudado para Paris para estudar medicina. Pouco tempo depois, Marie juntou-se à irmã e começou a cursar matemática e física na Sorbonne. Após a dupla formatura, Marie continuou aprofundando seus estudos em magnetismo, em parceria com outro jovem cientista, chamado Pierre Curie. O amor pela ciência logo os conduziu ao romance e ao casamento.

Trabalhando juntos, Marie e Pierre se dedicaram a um novo conceito em física que Marie apelidou de "radioatividade", assunto ao qual dedicou sua tese de doutorado. Fascinada pelo novo campo, ela criou um método para medir a intensidade da radiação emitida pelo urânio. A pesquisa dos Curie descobriu a existência de dois elementos radioativos, batizados de rádio e polônio, este último em homenagem à terra natal de Marie. Quatro anos depois, os Curie ganharam o Prêmio Nobel de Física de 1903 pela descoberta do rádio.

Quando Pierre foi atropelado nas ruas de Paris, Marie assumiu o cargo de direção para o qual seu marido tinha sido indicado no Laboratório de Física da Sorbonne. A continuação de sua pesquisa sobre o rádio lhe proporcionou um segundo Prêmio Nobel, dessa vez de Química, em 1911. Seu novo interesse, então, tornou-se pesquisar as possíveis aplicações médicas de materiais radioativos. Foi quando Marie Curie voltou sua atenção para o uso dos raios X como método de cura. Ela sabia que a radiação representava uma ameaça à sua saúde, mas optou por continuar suas pesquisas, e a primeira máquina de raios X móvel foi usada durante a Primeira

Guerra Mundial. Sua saúde começou a se deteriorar, e, em 4 de julho de 1934, ela morreu de leucemia. Foi a primeira pessoa a morrer em conseqüência de envenenamento por radiação.

Uma das mais brilhantes cientistas que o mundo já teve, Marie Curie confrontou-se com obstáculos que talvez tivessem amedrontado uma pessoa menos corajosa. Perder o marido, com o qual compartilhava tanto a vida pessoal quanto a profissional, poderia facilmente tê-la feito mergulhar no desespero. Quando viu sua própria saúde em perigo por causa do seu trabalho, ela poderia ter desistido de tudo. Mas as adversidades só fortaleceram sua determinação em beneficiar o mundo. Sua coragem fez as coisas darem certo para milhões de pessoas porque seu trabalho e sua vida ensinaram muito sobre os efeitos benéficos e prejudiciais da radiação.

A coragem e a Nova Lei de Murphy

Quando fugimos dos desafios impostos pela vida, assumimos nossa mediocridade e nos condenamos a uma vida inteira pensando no que teria acontecido "se" as coisas tivessem sido diferentes. Para escapar dessa angústia, o truque é estar pronto, disposto e apto a enfrentar os desafios da vida. Veja quem apostou nessa máxima:

Lição 1: Supere seus medos iniciais. Marliese Mitchell poderia ter se deixado levar pelo medo de ser prejudicada na carreira e ignorado a dramática situação que ela descobriu no sudeste da Ásia.

Você já esteve numa situação em que fazer a coisa certa envolvia um grande risco pessoal? Nesse caso, agiu com bravura ou deixou o medo das conseqüências imobilizá-lo? Você permite que o medo controle suas ações ou controla o seu medo com coragem e determinação?

Embora poucos de nós enfrentem situações-limite, ainda assim devemos encontrar dentro de nós a coragem para correr em direção ao rugido – não para longe dele.

Lição 2: Ouça sua voz interior. Quando foi desafiado fisicamente, John Hockenberry não sucumbiu à autopiedade. Pelo contrário, redobrou seus esforços para provar que podia fazer tudo de que uma pessoa sem limitações físicas era capaz.

Você segue suas convicções internas de forma inabalável ou deixa as dúvidas de outras pessoas deterem-no? Se seus amigos, sua família ou seus colegas demonstram ter dúvidas sobre sua capacidade, você acata a opinião deles? Você já desistiu de um caminho árduo morro acima em favor de outro fácil morro abaixo, mesmo que pressentisse grandes recompensas no topo desse morro?

Quem é corajoso segue em frente, mesmo quando as coisas ficam difíceis. Deixe o poder de sua voz interior silenciar as críticas.

Lição 3: Inspire-se nos outros. Audie Murphy não agiu bravamente pelo desejo de alcançar a fama, mas por solidariedade a seus companheiros.

Você já arriscou sua própria segurança ou reputação pelo bem de outras pessoas? Sua coragem é produto da autopreservação ou do desejo de preservar as vidas e o trabalho de terceiros? Você é fiel apenas a si mesmo ou também aos que o cercam?

Quando for posto à prova, lembre-se de que você pode fazer as coisas darem certo ao pensar naqueles que dependem da sua coragem e que, em troca, irão apoiá-lo nos tempos difíceis.

Lição 4: Mantenha sua dignidade. Rosa Parks não vociferou nem bradou por justiça, ela reagiu com calma e dignidade.

Você já reagiu a uma injustiça de forma impulsiva, talvez até violenta? A raiva o faz perder as estribeiras? Sendo assim, pense na nobre Rosa Parks, que mostrou o valor da coragem firme e silenciosa.

Quando alguma coisa na sua vida ou no seu trabalho der errado, não se irrite: apenas continue correndo em direção ao rugido, com a certeza de que perder a dignidade só vai piorar as coisas.

Lição 5: Avance com persistência. Marie Curie prosseguiu suas pesquisas científicas mesmo com risco de vida.

Você permite facilmente que contratempos ou perigos o impeçam de avançar na vida ou no trabalho? Quantas vezes você racionalizou uma mudança de rumo porque o seu plano original exigia mais coragem e determinação do que você possuía?

Às vezes você realmente precisa mudar o rumo, mas, quando achar que deve, pergunte-se antes se isso não é uma fuga. Muitas vezes, o caminho difícil – se for o caminho certo – será mais compensador.

Esses princípios constituem os fundamentos da primeira regra da Nova Lei de Murphy: Correr em direção ao rugido. Quando você aprender a enfrentar seus medos, encontrará um mundo de oportunidades esperando por você.

REGRA Nº 2

Não se comunique apenas: estabeleça uma conexão

"Um bom papo é tão estimulante quanto um café preto, e atrapalha o sono do mesmo jeito."

ANNE MORROW LINDBERGH

Em 1984, um músico irlandês relativamente desconhecido levantou a bandeira de um dos maiores sofrimentos humanos – a fome – e incentivou pessoas de todas as nacionalidades a "alimentar o mundo". Bob Geldof, líder de um grupo de rock chamado The Boomtown Rats, tinha popularidade apenas junto a um pequeno e leal grupo de fãs na Irlanda e no Reino Unido quando começou sua cruzada. Depois disso, conquistou a admiração do público internacional. Menos por sua música, é verdade, mas acima de tudo como artista incansável e solidário, com energia ilimitada, tanto no palco como fora dele.

O clique aconteceu quando Geldof, então com trinta anos, assistia a um programa transmitido pela BBC que incluía cenas da Etiópia, onde milhares de africanos estavam morrendo de inanição.

Geldof decidiu ver com seus próprios olhos o drama africano. Ao voltar, decidiu que tinha de fazer algo para atenuar o sofrimento que havia visto na África. Entretanto, sabia que, sozinho, não conseguiria fazer muito. Ele iria precisar de ajuda, muita ajuda. Geldof não só precisava alcançar milhões de pessoas como tinha de incentivá-las a agir, a fazer alguma coisa imediata e palpável para ajudar um povo que estava morrendo. Como um músico de rock poderia realizar tamanha proeza?

Como o final do ano se aproximava, Geldof decidiu chamar a atenção do mundo mostrando a disparidade entre a alegria das pessoas com o Natal e a horrível miséria que assolava a Etiópia. Afinal de contas, raciocinou, Natal é tempo de dar, é a época do ano em que geralmente as pessoas se sentem mais generosas. Geldof escreveu uma nova letra para uma antiga música, transformando-a em uma nova mensagem de Natal: *Do They Know It's Christmas?* (algo como "Eles sabem que é Natal?"). A letra fazia um apelo enfático para que o ouvinte "alimentasse o mundo", pois, para o povo etíope sofredor e faminto, "o melhor presente que pode ganhar este ano é a vida".

A música de Geldof provou ser comovente e inspirada, mas para realmente fazer diferença Geldof reuniu alguns amigos roqueiros para gravar *Do They Know It's Christmas?*. O grupo, apelidado de Band Aid, incluía David Bowie, Phil Collins, Paul McCartney, U2, Sting e mais de vinte outros músicos ingleses famosos. As vendas bateram recordes, arrecadando mais de 11 milhões de dólares no mundo inteiro.

Outros países aderiram rapidamente: músicos americanos formaram o USA for Africa e gravaram *We Are the World,* assim como o grupo Northern Lights, do Canadá, apresentou a música *Tears Are Not Enough.* Mas Bob Gedolf queria mais. Em 1985, ele promoveu dezesseis horas de shows ao vivo, simultaneamente, no Estádio de Wembley, em Londres, e no Estádio JFK, na Filadélfia. O Live Aid arrecadou mais de 70 milhões de dólares em doações e patrocínios.

Devido ao sucesso do Band Aid e do Live Aid, Gedolf recebeu o

Prêmio Nobel da Paz e foi condecorado com o título de Sir pela Coroa britânica. E o mais importante: a música de Gedolf ainda toca nas rádios, lembrando às pessoas que, mesmo sem fama ou recursos financeiros ilimitados, uma pessoa pode fazer as coisas darem certo estabelecendo uma conexão com o seu público.

Todos os dias, cada um de nós tenta comunicar pensamentos e idéias a outras pessoas. Falamos ao telefone, escrevemos cartas, fazemos apresentações, enviamos fax e e-mails. Mas nós realmente estamos conseguindo estabelecer conexão total com as pessoas a quem nos dirigimos? E, quando conseguimos, a mensagem corresponde ao que queríamos dizer, ou ela chega truncada?

A comunicação sozinha não quer dizer nada, a não ser que ela forme uma *conexão*. Não importa se o destinatário é uma criança, alguém que amamos ou milhões de pessoas, como fez Bob Gedolf. Sem conexão, nossos esforços serão inúteis.

Veja, a seguir, as quatro regras de ouro para estabelecer essa conexão:

- Faça suas atitudes valerem mais do que suas palavras
- Fale de forma corajosa e honesta
- Escute o máximo que puder
- Não se esqueça do seu público-alvo

Alguma vez você já escutou o que outra pessoa dizia mas sentiu que suas atitudes contavam uma história diferente? Você tem certeza de que suas atitudes correspondem às suas palavras?

Alguma vez você sentiu que a sugestão que gostaria de dar era correta, mas teve vergonha ou medo de fazê-la?

Você tem o hábito de pedir opinião a outras pessoas? Quando elas respondem, você escuta objetivamente?

Como você mantém a conexão quando seu intelocutor parece ter perdido o interesse pelo que você está tentando comunicar?

Todas as pessoas cujas histórias são relatadas neste capítulo enfrentaram situações que as desafiaram a responder a essas perguntas. Preste atenção às lições que suas histórias revelam e você também poderá respondê-las.

Faça suas atitudes valerem mais do que suas palavras

Em 1923, o sonho do jovem Bill Havens tornou-se realidade quando ele se classificou para competir nos Jogos Olímpicos de 1924. Na verdade, Havens representava uma das melhores perspectivas de medalha para os Estados Unidos nas provas de canoagem. Meses antes da data prevista de sua partida para Paris, a esposa de Havens contou-lhe alegremente que logo ele realizaria um outro grande sonho: ela estava esperando um bebê. Coincidentemente, o bebê deveria nascer exatamente no período em que ele estaria competindo.

Nos anos 1920, a viagem dos Estados Unidos até a Europa era feita de navio e levava duas semanas. Ou seja, contando as duas semanas de competição, Havens ficaria fora mais de um mês e meio. Se ele fosse a Paris, era quase certo que perderia o nascimento do filho.

Bill Havens se sentia dividido: dois eventos maravilhosos surgiam à sua frente, mas não seria possível estar presente em ambos. Quando ele perguntou à família e aos amigos o que deveria fazer, eles o encorajaram a ir competir. Ele poderia conquistar a glória para si próprio e para seu país, e seu filho o estaria esperando quando ele voltasse para casa. O médico de sua esposa garantiu-lhe que a gravidez estava evoluindo sem problemas e que ela e o bebê ficariam bem. A própria Sra. Havens incentivava o marido a realizar o sonho de uma medalha de ouro olímpica.

Ainda assim, Bill Havens hesitava. Era possível que ele ganhasse uma medalha, mas aquele momento de glória lhe parecia menor quando comparado com a vida de sua mulher e de seu filho. Finalmente, Havens escolheu: não iria a Paris. Em vez disso, ficaria em casa com sua esposa e daria as boas-vindas à criança que vinha ao mundo.

Bill Havens escolheu mostrar à mulher e à futura criança a sinceridade de seu amor. O filho de Bill nasceu em 1º de agosto de 1924, quatro dias depois do término dos Jogos Olímpicos de Paris. Se ele tivesse ido, estaria a bordo de um navio, no meio do Oceano Atlântico, no momento em que seu filho Frank veio ao mundo.

Bill Havens sabia que tinha tomado a decisão certa, mas não conseguia deixar de imaginar, durante os anos que se seguiram, como ele se sentiria no pódio, com o hino de seu país tocando e a multidão aplaudindo. Às vezes, ele duvidava se alguém dava valor ao seu sacrifício. No verão de 1952, Bill Havens finalmente teve sua resposta. As Olimpíadas daquele ano aconteceram em Helsinque, na Finlândia, e foi de lá que chegou o telegrama: "Querido papai, obrigado por me esperar nascer em 1924. Estou voltando para casa com a medalha de ouro em canoagem que você deveria ter ganhado... Com muito amor, Frank."

Fale de forma corajosa e honesta

Em outubro de 1860, a jovem Grace Bedell, onze anos, deu uma contribuição notável para a história da nação. Moradora da pequena cidade de Westfield, no estado de Nova York, Grace era uma perspicaz observadora das pessoas e dos acontecimentos à sua volta. Ela se sentia atraída especialmente por Abraham Lincoln, que, na época, tentava chegar à presidência dos Estados Unidos pela primeira vez.

Grace tinha ouvido falar muito desse homem cortês, que era o candidato escolhido pelo Partido Republicano. Seu primeiro vislumbre dele foi quando seu pai trouxe para casa um quadro com o seu retrato. Enquanto olhava a fotografia de Lincoln, o lampião de Grace lançou sombras em torno de sua face, escurecendo suas bochechas encovadas. "Costeletas!", pensou Grace. "Como Lincoln ficaria melhor com costeletas!" Sem se intimidar, decidiu enviar-lhe uma carta dando sua sugestão. "Sou uma garotinha de onze anos e espero que não me ache atrevida em escrever para um grande homem como o senhor. Eu tenho quatro irmãos e alguns deles irão votar no senhor. Se deixar suas costeletas crescerem, tentarei convencer os outros também." Segundo Grace, com barba, Lincoln "ficaria bem melhor, porque o seu rosto é muito fino".

Naquela época, Lincoln recebia cerca de cinqüenta cartas por dia. Seus secretários, John Hay e John Nicolay, revisavam toda a correspondência e só passavam adiante as cartas que julgavam importantes. Hay achou a sugestão de Grace fascinante. Nicolay, no entanto, achou a mensagem frívola e insistiu para que a jogassem na lata de lixo. Os dois homens discutiram o destino da carta durante um tempo, e a discussão só acabou quando Lincoln entrou na sala e ouviu o motivo da altercação. Alguns dias depois, para sua surpresa, Grace recebeu uma resposta por escrito de Lincoln, agradecendo o conselho. Na carta, ele não dizia se ia ou não aceitá-lo: "Cara senhorita, (...) Quanto às costeletas, como nunca as usei, não crê que as pessoas poderiam achar que seria afetação de minha parte se começasse a usá-las agora?"

Contudo, a idéia de deixar crescer as costeletas ficou na mente de Lincoln, assim como a origem daquela idéia. Como sabemos, a campanha de Abraham Lincoln foi bem-sucedida e ele realmente se tornou o 16º presidente dos Estados Unidos. Em fevereiro de 1861, o recém-eleito presidente mudou-se de Illinois para Washington para assumir o novo cargo na Casa Branca, uma viagem de trem que atravessou o estado de Nova York. Lincoln deu instruções para fazer uma parada especial em Westfield. Como de costume, o povo da cidade vinha ver o novo presidente e, naturalmente, a jovem Grace Bedell estava entre eles.

Quando Lincoln saiu do trem, todos o reconheceram por sua impressionante estatura, mas algo diferente na sua aparência chamou a atenção de todos. O grande homem exibia um par de costeletas que viria a se tornar a sua marca registrada. Depois que Lincoln acalmou a multidão, ele perguntou se Grace Bedell estava na platéia. Quando soube que ela estava, pediu-lhe que se juntasse a ele na plataforma, onde agradeceu publicamente a ela por seu sábio conselho político e deu-lhe um beijo. Grace garantiu-lhe que agora ele possuía todas as ferramentas de que precisava para se tornar o maior presidente que o país um dia teria.

Grace Bedell, talvez a mais nova conselheira de campanha na história da política americana, buscou uma conexão com o candidato a presidente porque acreditava que poderia ajudá-lo. Nós nunca saberemos se as costeletas realmente fizeram diferença na eleição – afinal, um Lincoln com aparência mais serena cativaria as senhoras, que encorajariam seus maridos a votar nele –, mas sabemos que Grace não se deixou intimidar pelo prestígio e pelo poder de seu interlocutor. Sua coragem precoce deve encorajar qualquer um de nós que um dia tenha sentido medo de expressar abertamente suas opiniões.

Escute o máximo que puder

Muitos de nós já trabalhamos, em alguma época, com um chefe que formula grandes esquemas, baixa normas e dá ordens sem explicar o raciocínio por trás de suas decisões. Como empregados, nos sentimos compelidos a aceitar suas ordens, mas aos poucos vamos perdendo o respeito pela pessoa e o entusiasmo pelo trabalho. Por que temos de respeitar um chefe insensível às nossas necessidades, desejos e aspirações e ainda por cima manter a lealdade à companhia? Quando a comunicação flui apenas em uma direção, não cria o senso de conexão que capacita as pessoas a trabalharem duro para fazer as coisas darem certo.

Sam Walton, o fundador da Wal-Mart, a grande cadeia de lojas de departamento, percebeu a importância de formar uma verdadeira conexão com seus empregados, fazendo com que trabalhassem para ele como fariam para uma empresa da própria família. Não por acaso, Sam Walton foi reconhecido como um dos mais sinceros e autênticos executivos na história do capitalismo. E como ele fez isso? Usando os olhos e os ouvidos mais que a boca.

Walton via seus associados (ele nunca se referia a eles como empregados) como parceiros, e não como produtos a serem usados e jogados fora. Ele colocou em prática o que a maioria dos executivos só sabe falar: valorizou as pessoas que realmente fazem o trabalho. O Sr. Sam, como os associados o chamavam, oferecia a cada pessoa uma oportunidade de se tornar parte de algo maior do que ela própria: sua empresa seria uma "grande família".

Embora essa "família" tivesse crescido bastante, Sam Walton fazia um esforço extraordinário para conhecer o máximo possível dos 300 mil associados da Wal-Mart. Walton voava regularmente com seu avião bimotor de uma loja a outra para encontrar seus empregados, às vezes avisando em cima da hora que estava chegando. Longe de fazer isso para espionar o seu pessoal, ele ia para escutar o que eles tinham a dizer sobre a loja, sobre os clientes e sobre suas próprias vidas.

Mesmo depois de ter se tornado um dos homens mais ricos do país, o Sr. Sam não parou de saltar de loja em loja, dando conselhos sobre como os indivíduos ou as lojas poderiam aprimorar seus pontos fracos. Seguindo o exemplo do "chefe", os trabalhadores da linha de frente em cada loja da Wal-Mart escutavam atentamente cada cliente. Eles sabiam que o Sr. Sam via o cliente como um parceiro no sucesso da companhia. Por isso, a Wal-Mart oferecia "preços baixos todos os dias". O movimento gerado por ele fez as margens de lucro bruto na indústria caírem de mais de 60% nos anos 1950 para 22% na década de 1990, proporcionando maior acesso a bens e serviços a quem mais precisava deles.

Quando o Sr. Sam morreu, em 1994, tinha construído o mais bem-sucedido império de varejo da história dos Estados Unidos. Seu sucesso se deve à sua política de valorização profissional, que incutiu nos empregados o desejo de fazer o melhor possível. O Sr. Sam sabia que, colocando as pessoas em primeiro lugar e escutando atentamente o que elas tinham a dizer, o resultado final do balanço seria positivo. Em resumo: ao escutar muito, ele ajudou a fazer as coisas darem certo.

Não se esqueça do seu público-alvo

William J. Byron, padre jesuíta e conceituado professor de Ética Comercial da Universidade de Georgetown, é um escritor e orador carismático que nunca esquece o objetivo de sua comunicação. Quando ele se aposentou da universidade, interessou-se pelo drama dos trabalhadores que eram despedidos na meia-idade, depois de rigorosas reestruturações nas empresas.

Conhecido pelos amigos como Padre Bill, William J. Byron queria fazer alguma coisa para ajudar as pessoas a não perder a esperança no futuro. Mas o que ele poderia fazer? Com o apoio financeiro da Lilly Foundation, Padre Bill decidiu inicialmente viajar pelo país, conversando com centenas de homens e mulheres que tivessem perdido o emprego. O resultado dessa pesquisa virou um livro, *Finding Work Without Losing Heart* (Procurando emprego sem perder a esperança), que, repleto de sabedoria e conforto, mostra como vencer apesar dos reveses na vida profissional.

Foi uma rápida entrevista no rádio que propiciou a conexão essencial para Padre Bill atingir seu objetivo ao escrever o livro. "Eu estava em minha mesa na universidade quando recebi um telefonema inesperado de um senhor de Chicago. Ele tinha sido demitido de um alto cargo executivo em uma grande companhia de seguros. Com uma hipoteca enorme, dois filhos na faculdade e nenhuma esperança de encontrar um emprego no mesmo padrão, ele disse: 'Eu comecei a beber muito e despejava minha frustração na minha esposa. Nós nos separamos e eu cheguei ao fundo do poço. Na verdade, eu comprei um revólver 38, carreguei-o e sentei na cama pensando em me suicidar. O rádio estava ligado e o entrevistador conversava com um padre sobre o livro que havia acabado de publicar. Suas palavras me deram esperança pela primeira vez em meses.'"

Padre Bill sacode a cabeça enquanto descreve o sofrimento do homem: "O camarada descarregou a arma, ficou acordado durante toda a noite e chegou à livraria Barnes & Noble antes do horário comercial. Ele comprou meu livro, leu-o, entrou para os Alcoólicos Anônimos, pediu desculpas à esposa, procurou uma empresa de recursos humanos e incrementou o seu currículo. A última notícia que tive dele era que tinha encontrado um bom emprego e sua vida já estava nos eixos novamente. Salvar aquela vida já fez valer a pena ter escrito meu livro."

Através de seu livro, Padre Bill não se comunicou apenas: ele estabeleceu uma conexão. E isso aconteceu porque ele falou diretamente ao seu público-alvo.

A conexão e a Nova Lei de Murphy

É um erro acreditar que, ao fazer uma declaração ou propagar nossas idéias para o mundo, tenhamos conseguido alcançar o fenômeno da comunicação. Na realidade, só cumprimos a etapa menor e mais simples do processo de conexão total com nosso público. Veja o que é preciso para fazer as coisas darem certo:

Lição 1: Comprometa-se com uma causa. Como exemplifica a história de Bob Geldof, comunicação e conexão começam com comprometimento.

Você *realmente* acredita na mensagem que deseja transmitir? Você definiu claramente os *objetivos* da sua comunicação? Será que suas palavras – escritas ou faladas – resultam de um desejo honesto de melhorar relacionamentos e beneficiar os destinatários de suas mensagens tanto ou mais do que a você mesmo?

Se você responder afirmativamente a essas perguntas, tem grandes chances de alcançar e estabelecer uma conexão com seu público-alvo.

Lição 2: Associe suas palavras a atitudes. Os valores de Bill Havens conduziram a atitudes que valeram mais do que palavras.

Talvez você dê valor à necessidade de "falar", mas você reforça sua comunicação com uma pitada de "ação"? Você já cometeu o erro de achar que as pessoas com quem espera estabelecer conexão devem "fazer o que eu digo, mas não fazer o que eu faço"?

Nesse caso, comprometa-se a tomar atitudes que comprovem o valor da sua comunicação.

Lição 3: Fale de forma corajosa e honesta ou cale-se para sempre. A coragem de Grace Bedell ensina muito mais do que o ditado popular de que a verdade vem da boca das crianças.

Você já deixou que sentimentos de timidez o impedissem de falar o que deseja? Você já se calou porque espera ou presume que outra pessoa, talvez com mais autoridade ou eloqüência, fará isso por você? Você já olhou para trás depois de perder uma oportunidade de estabelecer conexão com alguém e disse: "E se eu tivesse falado abertamente quando tive chance?"

Nesse caso, lembre-se de que as pessoas respeitam quem luta corajosamente para falar a verdade.

Lição 4: Use os ouvidos mais do que a língua. Sam Walton recebeu mais mensagens do que transmitiu.

Em suas conversas e correspondências, você faz muitas perguntas? Você fica pensando no que irá dizer a seguir enquanto as outras pessoas estão falando? Você fica impaciente quando as pessoas com quem está conversando fogem do assunto ou começam a repetir a mesma coisa?

Quando sentir esse impulso, lembre-se de que Deus nos deu dois ouvidos e uma boca por uma razão: escutar duas vezes mais do que falar.

Lição 5: Adapte sua mensagem ao seu público-alvo. Padre Bill procurou conhecer seu público antes de transmitir seus conselhos.

Você reserva um tempo para conhecer os sentimentos, esperanças ou medos daqueles com quem deseja se comunicar *antes* de começar a falar ou a escrever? Você usa as mesmas palavras em todas as situações, sem levar em consideração as diferenças entre um público e outro? Você pode dizer honestamente que tenta colocar-se no lugar da outra pessoa ao conversar com ela?

Se você conseguir um bom conhecimento do seu público, passará a escolher suas palavras com mais cuidado, visando estabelecer uma boa conexão todas as vezes que se comunicar.

Reserve um tempo para pensar nessas lições e fazer a si mesmo as perguntas que elas sugerem. Isso permitirá que você saia da posição de um comunicador que envia mensagens esperando que as pessoas as recebam. Em vez disso, você se tornará uma pessoa que desenvolve as conexões com outras pessoas e que faz as coisas darem certo.

REGRA Nº 3
Faça da mudança sua aliada constante

"Nada neste mundo é constante, exceto a inconstância."

JONATHAN SWIFT

Todos nós sofremos mudanças constantemente. Às vezes, elas resultam de planos bem traçados: a mudança para uma nova casa ou a troca de emprego há tanto tempo esperada. Na maioria das vezes, porém, as mudanças chegam de forma repentina e surpreendente: a perda do emprego ou uma doença. Qualquer que seja a origem da mudança em nossas vidas, normalmente ela causa estresse, e a nossa capacidade de lidar com esse estresse influencia muito a forma como conseguimos lidar ou não com a mudança. É preciso reconhecer que a mudança, mesmo negativa, não só é inevitável como oferece uma oportunidade de crescimento.

Andy Grove, atual executivo-chefe da Intel Corporation, demonstrou várias vezes o valor de se fazer da mudança uma aliada. Nascido na Hungria, Grove fugiu com a família da tirania da opressão soviética para os Estados Unidos, chegando a Nova York sem um centavo, mas ansioso para começar uma nova vida. Enquanto muitos ficariam arrasados por ter de mudar-se para outro país, com cultura e idioma diferentes, Andy Grove se ajustou imediatamente à nova vida.

Com aplicação e perseverança, ele logo superou a barreira da língua, conseguindo chegar à Universidade Municipal de Nova York e, mais tarde, à Universidade da Califórnia, em Berkeley, onde recebeu o título de Ph.D. em Física. O sucesso profissional veio rápido, e Grove se destacou como um dos criadores do revolucionário chip de computador. As coisas sempre deram certo para ele. Porém, no outono de 1994, algo deu muito errado. Depois de uma série de testes, seu urologista lhe deu uma notícia que mudaria sua vida para sempre: "Andy, você tem um tumor. A maior parte está no lado direito, mas há uma pequenina parte no lado esquerdo. É do tipo moderadamente agressivo." Então, com cinqüenta e oito anos, ele soube que tinha câncer de próstata.

Ao receber um diagnóstico de doença com risco de vida, a maioria das pessoas enfia a cabeça na terra como um avestruz, esperando que o problema desapareça sozinho. No início, Grove fez exatamente isso. O medo da morte levou-o a assumir uma posição passiva, entregando aos "especialistas" a responsabilidade de administrar essa drástica mudança em sua vida. Entretanto, logo ele ficou insatisfeito e desapontado consigo mesmo por não aplicar as lições de vida que aprendera como imigrante, líder empresarial e cientista. Por que ele não podia tomar as rédeas da situação e fazer da mudança sua aliada, como tinha feito tantas vezes antes? Não era ele o verdadeiro especialista em seu próprio futuro?

Optando por dar uma breve parada no trabalho para avaliar sua situação, Grove decidiu assumir o controle de sua vida. Estipulou uma nova rotina diária, que incluía leitura de artigos e livros sobre câncer de próstata, assim como pesquisa sobre o assunto na Internet. Grove encaminhava relatórios aos especialistas que supervisionavam o seu caso. Ele ouviu segundas opiniões, terceiras opiniões e relatos reais de pessoas que tinham superado a doença. Num certo momento, ele combinou toda a sua pesquisa, o resultado dos testes e as informações obtidas das constantes conversas que vinha mantendo com pacientes, oncologistas, cirurgiões e outros especialistas e criou um gráfico com todas as opções de tratamento possíveis, os respectivos efeitos colaterais e as probabilidades de recaída. Ou seja, ele aplicou suas habilidades analíticas para decidir como atacar sua doença.

Com isso, Andy Grove encontrou uma promissora opção de tratamento. Consistia em implantar oito tubos do tamanho de alfinetes perto do tumor, através dos quais os médicos iriam inserir "sementes" radioativas. Depois de receber esse tratamento, Grove foi submetido a vinte e oito doses diárias de radiação externa. Ele chegava ao hospital local às 7h30min da manhã e, às 8h30min, já estava no escritório para um dia inteiro de trabalho.

Seis meses depois do início do tratamento, Andy Grove voltava à vida normal, totalmente livre do câncer. Recusando-se a permitir que forças externas controlassem seu destino, Grove demonstrou os benefícios de fazer da mudança uma aliada, e não uma inimiga. Com isso, ele comprova a veracidade daquele velho chavão: "o que não mata engorda", ou seja, torna as pessoas mais fortes. É inegável que o câncer de próstata poderia ter matado Andy Grove se ele não tivesse escolhido usar seu infortúnio para tornar-se mais forte.

Diariamente sopram em nossas vidas os ventos de mudança, quer seja esperada e desejada ou imprevisível, como no caso de Andy Grove. Nossa capacidade de transformar esses desafios em oportunidades permite que controlemos o desenrolar do nosso futuro. Esses desafios apresentam-se de quatro formas básicas:

- Mudança imprevista
- Mudança imposta
- Mudança autopromovida
- Mudança prevista

Alguma mudança indesejável já pegou você desprevenido? Quando se depara com esse tipo de situação, você evita pensar nela ou encara com determinação o fato que altera toda a sua vida, procurando uma forma de derrotá-lo?

Como você reage quando os acontecimentos impõem mudanças imediatas em sua vida? Consegue pensar por si mesmo e achar uma forma de tirar o melhor da situação? Você se adapta rapidamente às novas circunstâncias?

Alguma vez você já planejou dar uma guinada em sua vida? Consegue organizar e implantar alterações tranqüilamente?

Mesmo quando sabe que a mudança está para chegar, isso lhe causa algum tipo de desconforto ou estresse?

Neste capítulo, vamos explorar as diferentes formas como a mudança pode entrar em nossas vidas. As pessoas cujas histórias serão relatadas mostram como lidar com dignidade e sabedoria em situações que podem ser dolorosas. Algumas foram forçadas a aceitar a mudança, enquanto outras correram atrás dela, mas todas fizeram as coisas darem certo ao aceitar os desafios e festejar as oportunidades que lhes foram oferecidas.

Mudança imprevista

A história costuma exaltar os indivíduos que chegaram ao topo ou que, de alguma forma, tornaram o mundo melhor. Seria um erro acreditar que nossos heróis calcularam cada movimento, encaixando deliberadamente cada peça do quebra-cabeça da vida. Na realidade, muitos deles enfrentaram mudanças – inesperadas ou indesejadas – que exigiram muita coragem. Mesmo assim, eles não deixaram que as circunstâncias os impedissem de atingir seus objetivos.

Ludwig van Beethoven é um dos nomes mais conhecidos da história da música. Nascido em 1770 em Bonn, na Alemanha, filho de um tenor e músico da corte, o jovem Beethoven não levava uma vida luxuosa. Aos oito anos, ele fez sua primeira apresentação em público como pianista. Apesar do talento prodigioso, Beethoven era maltratado pelo pai, dominador, rabugento e bêbado, que o forçava a tocar para divertimento de seus amigos. Quanto mais o velho Beethoven tentava conciliar o ciúme que sentia do talento do filho com o desejo de que ele fosse bem-sucedido, mais ele se tornava violento.

Em 1787, Beethoven partiu rumo a Viena para estudar com os mestres. Ignorante quanto aos costumes da alta sociedade e descuidado com a própria aparência, ele não se entrosava com os sofisticados músicos vienenses. Mesmo assim, logo ganhou fama de pianista brilhante. Quando sua estrela começava a subir, a morte de sua mãe obrigou-o a voltar para Bonn, onde assumiu a responsabilidade de ajudar a família. Ao retornar a Viena alguns anos mais tarde, Beethoven buscou orientação com Haydn e outros compositores proeminentes da época, como Albrechtsberger e Salieri. Logo, ele estava criando sinfonias e executando suas próprias composições ao piano.

Captando em sua música a paixão dos ideais românticos e democráticos que surgiam, Beethoven rapidamente alcançou fama mundial. A demanda por sua música permitiu que exigisse altas comissões de seus patrocinadores aristocráticos, aos quais ele dedicava suas composições. Assim, não só tornou-se um renomado músico como alcançou a estabilidade financeira. Justamente quando tudo começava a dar certo, algo começou a dar muito errado: aos trinta e poucos anos, Beethoven começou a ter problemas de audição.

Um distúrbio inicialmente sutil foi piorando rapidamente até que, em poucos anos, ele ouvia apenas sons distorcidos e não conseguia distinguir qualquer som alto. A cruel ironia da situação – o músico que não podia mais ouvir a própria música – levou Beethoven ao desespero profundo. Embora não pudesse continuar a tocar, Beethoven não dobrou suas partituras e procurou isolar-se do mundo. Ele sabia que ainda podia compor. E dedicou-se a compor sob uma perspectiva ainda mais complexa e apaixonada.

Esse fôlego renovado resultou na *Terceira Sinfonia*, a *Heróica*, que agitou o mundo da música, assim como sua decisão de não mais dedicar a obra a Napoleão. Ele tomou essa atitude quando soube que Napoleão tinha se declarado imperador, traindo os princípios da Revolução Francesa, da qual Beethoven era um fervoroso defensor. Paradoxalmente, à medida que sua audição se deteriorava, sua música florescia. Ele concluiu dois de seus maiores trabalhos – a *Quinta* e a *Sexta Sinfonia* – em 1808, e, em 1823, compôs a *Nona Sinfonia*. Inspirada no grande poema de Schiller, *Ode à Alegria*, a *Nona Sinfonia* personificou os ideais do Iluminismo, desde a declaração de independência até a ciência emergente da era industrial. Escrita por um compositor quase completamente surdo, é considerada uma das maiores obras de arte já realizadas.

Se Beethoven tivesse se deixado subjugar pela perda auditiva, ele e o mundo teriam perdido um importante marco do progresso humano. Por sorte, a natureza concedeu-lhe uma dádiva tão preciosa quanto seu gênio musical: a perseverança ante mudanças devastadoras. Recusando-se a deixar seu talento murchar por causa de um golpe do destino, ele transformou a ameaça numa vontade ainda maior de alcançar seus objetivos.

Mudança imposta

Para causar impacto, não é preciso que as respostas à mudança produzam uma grande obra de arte. A história de Robert Landau é um exemplo disso. Ele era diretor de publicidade de uma empresa de calçados quando, em 1993, a firma fez um grande corte na folha de pagamento e ele foi demitido. Um homem jovem talvez tivesse reagido rapidamente a uma mudança desse tipo, mas Landau estava em plena meia-idade – tinha certeza de que não seria páreo para executivos mais jovens. Por sorte, ele tinha feito um pé-de-meia que lhe permitia ficar um tempo sem trabalhar. Assim como a maioria, cuja identidade e senso de valor pessoal estão associados ao emprego, Landau se perguntava: "O que devo fazer pelo resto da vida?"

Cinco anos mais tarde, ainda desempregado, Landau passava o tempo vendo televisão. Ele estava assistindo ao programa de Oprah Winfrey no dia em que ela lançou a campanha "Angel Network", destinada a encorajar seu público a estender a mão e tentar melhorar a vida dos necessitados. Embora as coisas não estivessem dando muito certo para ele, estavam ainda piores para outros, por isso o executivo desempregado decidiu que usaria seu tempo livre para tentar fazer a diferença na vida de outras pessoas.

O que fazer? Bem, ele usou seu conhecimento sobre publicidade e calçados para ajudar as pessoas. Landau tinha visto mendigos movendo-se com dificuldade em sapatos gastos e disformes. Certo de que poderia fazer alguma coisa para aliviar esse desconforto, ele criou um site na Internet para que as pessoas pudessem doar um par de sapatos.

Nos primeiros dois meses de existência, o website de Landau (Shoesonthenet.com) arrecadou mais de 18.000 pares de sapatos novos. Para distribuí-los, ele se associou a um programa para pessoas sem moradia de Boston. Depois de colocar nos pés o novo par de sapatos, uma mulher disse que só o fato de possuir uma coisa nova já a fazia se sentir mais normal, igual a todo mundo.

Assim como a campanha "Angel Network" de Oprah Winfrey tinha chamado a atenção dele dois meses atrás, também o programa

"Shoesonthenet" de Robert Landau atraiu a atenção de Oprah. A estrela de televisão o convidou para falar sobre o seu trabalho, e, uma vez lá, Landau aproveitou para lançar a "campanha das meias brancas", pedindo doações de meias brancas, porque a tinta das meias coloridas pode agravar algumas doenças dos pés. Como os sem-teto caminham muito, freqüentemente têm problemas nos pés, que podem ser reduzidos com bons sapatos e meias limpas. Nas vinte e quatro horas seguintes à sua participação no show de Oprah Winfrey, as visitas ao site de Landau aumentaram cerca de 20%.

Robert Landau provou que uma única pessoa pode fazer a diferença. "Eu já tive da outra riqueza e percebi que o mais importante é aquilo que você dá de si para as outras pessoas" – e o que recebe em troca. Ele conseguiu transformar o golpe baixo que recebeu em uma oportunidade de realização e crescimeno pessoal.

Mudança autopromovida

A vida de Albert Schweitzer comprova que podemos controlar o rumo de nossas vidas. Schweitzer nasceu em 1875, no interior da Alsácia, que, naquela época, ainda fazia parte da Alemanha. Dotado de muitos talentos, ele estudou literatura e música e, ao ingressar na faculdade, ampliou seu leque de interesses, incluindo filosofia e teologia. Em 1899 fez doutorado em filosofia pela Universidade de Estrasburgo, estudando mais tarde na Sorbonne e na Universidade de Berlim. Além de seu trabalho acadêmico, Schweitzer também escrevia muito, principalmente sobre assuntos de seu interesse, como a vida e a obra do filósofo Immanuel Kant e do grande compositor Johann Sebastian Bach. Seu livro mais famoso é *The Quest for the Historical Jesus* (A busca pelo Jesus histórico).

Após concluir seus estudos, Schweitzer aceitou o cargo de ministro na Igreja de São Nicolau. Nos anos que se seguiram, ele recebeu várias indicações para cargos de prestígio, incluindo o de diretor da Faculdade de Teologia St. Thomas, o de sacerdote-adjunto na Igreja de São Nicolau e membro do corpo docente da Universidade de Estrasburgo. Mesmo tendo se firmado como excelente teólogo, filósofo, músico e escritor, ele sentia que tinha um objetivo maior a cumprir.

Em 1904, ao ler um artigo no jornal da Sociedade Missionária de Paris convocando médicos para se estabelecerem no Gabão em missão de caridade, ele soube qual seria sua missão. Nem por um segundo ele questionou seu desejo de ir para o Gabão ajudar no que fosse preciso; o único senão é que ele não tinha conhecimentos médicos.

Para a maioria de nós, esse problema representaria mais do que uma pedra no caminho: seria uma parede de tijolos inteira. Mas, para Albert Schweitzer, era como uma janela de oportunidade, não uma parede. Agora ele sabia o que queria fazer, só precisava descobrir como fazer. Em seu sermão seguinte na Igreja de São Nicolau compartilhou com a congregação seu desejo de estudar medicina. Ele ignorou todos os apelos e cartas pedindo que reconsiderasse seus planos, pois acreditava que tinha passado bastante tempo falando e escrevendo sobre a importância de viver uma vida altruísta: estava na hora de começar a viver assim.

Em janeiro de 1905, aos trinta anos, Schweitzer entrou na faculdade de medicina. Durante oito anos, ele se dedicou de corpo e alma aos estudos. Aos trinta e oito anos formou-se médico, com especialização em cirurgia e doenças tropicais. Embora tivesse alcançado seu primeiro objetivo, logo ele descobriu que precisaria enfrentar outros desafios. A Sociedade Missionária de Paris, cujo jornal o tinha motivado a mudar de vida, relutava em aceitá-lo por causa de sua filosofia religiosa.

Os membros da Sociedade receavam que, em vez de atuar apenas como médico, Schweitzer se sentisse compelido a defender suas crenças religiosas. Schweitzer fez uma proposta à Sociedade: ele e sua esposa Helena, que era enfermeira, buscariam levantar fundos para construir, abastecer e manter um hospital no Gabão. A Sociedade não precisaria contribuir com nada. Após alguma discussão interna, a proposta de Schweitzer foi aceita. Em março de 1913, ele e sua esposa partiram para a África a fim de construir o hospital. No início, eles tratavam dos pacientes em um armazém caindo aos pedaços, mas aos poucos foram expandindo as instalações até atender milhares de pessoas.

Nos anos seguintes, Schweitzer continuou seu trabalho em prol dos necessitados, mas passou também a apoiar o desarmamento nuclear e a proteção ao meio ambiente, o que acabou lhe proporcionando o Prêmio Nobel da Paz de 1953. Albert Schweitzer seguiu com seu trabalho humanitário até morrer, aos noventa anos. Sua filha, Rhena, assumiu a responsabilidade pelo hospital, que até hoje atende aos necessitados do Gabão.

Schweitzer mudou sua vida e sua carreira radicalmente, de uma forma que a maioria de nós sequer cogitaria fazer. Ele deixou para trás uma vida já estabelecida, e bem-sucedida, para dedicar-se a uma visão pessoal de sucesso que exigia requalificação e uma transformação drástica. Para Schweitzer, essa mudança foi necessária para constatar seu comprometimento pessoal e testar a validade e o significado de sua vida.

Mudança prevista

O sucesso nos negócios pode se revelar ilusório. Nervos de aço, inteligência e perspicácia são alguns dos elementos fundamentais.

Mas, a despeito de suas próprias aptidões, talvez você nunca chegue lá, principalmente se não tiver mais uma qualidade indispensável: a capacidade de prever mudanças e reagir antes mesmo que elas cheguem. Lee Iacocca possuía essa qualidade.

Nascido em 1924, filho dos imigrantes italianos Nicola e Antoinette, Iacocca recebeu o nome de Lido, que mais tarde mudou para Lee. Ninguém acreditou tanto no sonho de "fazer a América" como os pais de Lee. Apesar de ter estudado apenas até a quarta série, Nicola Iacocca começou com uma lanchonete em Allentown, na Pensilvânia, trabalhou como corretor de imóveis e abriu sua própria locadora de veículos. Ele incutiu o princípio do trabalho em seu filho, que mostrou desde cedo seu espírito empreendedor ao fazer ponto do lado de fora do armazém local e se oferecer para levar as compras dos fregueses até suas casas mediante uma pequena gratificação.

Quando a Depressão atacou violentamente a vida de milhões de americanos, a família de Iacocca passou por momentos difíceis. Essa fase desenvolveu nele uma forte aversão a qualquer tipo de desperdício, levando-o a buscar sempre o meio mais eficaz de trabalhar. E, talvez o mais importante, ele aprendeu que as adversidades podem chegar a qualquer momento.

Apesar de querer lutar pelo seu país na Segunda Guerra Mundial, as complicações resultantes de uma infância frágil, com episódios de febre reumática, tiraram-no do alistamento. Vendo que se instruir era sua melhor alternativa, ele matriculou-se na Universidade Lehigh para estudar economia. Seu desempenho ainda como estudante fez com que obtivesse uma bolsa de estudos para Princeton, onde terminou o mestrado em 1946. Seu primeiro emprego foi na Ford Motor Company.

O primeiro sinal da capacidade visionária de Iacocca ocorreu quando ele assumiu o cargo de gerente de vendas. Como sua divisão estava atrás de todas as outras em vendas, ele decidiu fazer algo radicalmente diferente. Criou um programa chamado "56 em 56", no qual o cliente podia comprar um Ford 1956 novinho em folha com 20% de desconto, pagando 56 dólares mensais durante três anos. O programa foi um sucesso estrondoso. De uma hora para outra, o jovem gerente de vendas catapultou sua divisão do último lugar para o primeiro.

Iacocca então chefiou o Comitê Fairlane, responsável por realizar e analisar pesquisas para determinar que tipo de carros a Ford deveria fabricar e vender. Essas pesquisas mostraram que o número de famílias com dois carros cresceria na década de 1960. Isso revelou que a Ford deveria desenvolver um veículo esportivo e acessível, para satisfazer um senso de diversão e aventura que surgia em todo o país. O resultado foi o Mustang 1964, um dos carros mais populares já produzidos.

Por causa da capacidade de associar esses dados de pesquisa de mercado a análises sociais, psicológicas e motivacionais, Iacocca ganhou fama de profeta na indústria automobilística. Em 1970, apesar das restrições do presidente Henry Ford II, ele foi nomeado diretor-presidente da companhia, que viveu um período de notável crescimento e lucratividade. Infelizmente, o conflito entre os dois culminou com a demissão de Iacocca. Foi um dos mais conturbados divórcios corporativos da história moderna.

Iacocca não poupou críticas a Ford e apresentou um plano de revisão da indústria automobilística, imediatamente "comprado" pela Chrysler Corporation, uma das principais concorrentes da Ford. Reconhecendo a capacidade de Iacocca de antecipar mudanças e transformar o desastre em oportunidade, o conselho diretor da Chrysler ofereceu-lhe a presidência da companhia, com poderes ilimitados para reverter o destino da empresa.

Iacocca aceitou o cargo sem saber a exata dimensão das dívidas deixadas pela má administração anterior. Para evitar o pior, ele solicitou que o governo americano garantisse os empréstimos pendentes da empresa. Essa manobra sem precedentes naturalmente sofreu muita oposição, mas Iacocca a tornou plausível ao declarar: "Nós, da Chrysler, pedimos dinheiro emprestado à moda antiga. E devolvemos." Quando o governo aceitou sua atrevida mas brilhante proposta, os credores da companhia sentiram-se seguros, sabendo que seus empréstimos seriam honrados, e a Chrysler ganhou o fôlego de que precisava.

Encorajado por essa vitória inicial, Iacocca passou para a fase seguinte de seu plano: cortar a gordura nas operações da companhia. Acabou fazendo um projeto de reconstrução corporativa de proporções gigantescas: demitiu executivos improdutivos e com altos salários, fechou fábricas ineficientes, dinamizou operações e reduziu a mão-de-obra. A Chrysler saiu de um desempenho deplorável no final da década de 1970 para o aumento da lucratividade e a estabilidade financeira no início da década de 1980.

Os métodos nada convencionais de Lee Iacocca renderam-lhe o status de executivo superstar. Sua autobiografia vendeu dois milhões de exemplares e todo o lucro foi destinado à Associação Americana contra o Diabetes, em memória de sua falecida esposa. O Partido Democrata chegou a considerá-lo um possível candidato à presidência, mas Iacocca só queria fazer o que sempre tinha feito: procurar novas formas de resolver velhos problemas.

Antecipar e reagir a mudanças com ações imediatas mas bem pensadas é a especialidade de Lee Iacocca. Ele fez as coisas darem certo com bom senso, determinação e, acima de tudo, com capacidade de direcionar a mudança. Se aqueles que ignoram a história estão condenados a repeti-la, aqueles que ignoram o futuro estão fadados ao fracasso.

A mudança e a Nova Lei de Murphy

Os ventos de mudança podem nos alarmar ou nos estimular. Qualquer que seja a nossa reação, a mudança virá, portanto é melhor aprender a lidar com ela para fazer as coisas darem certo, sob pena de permitir que o acaso ou o caos nos leve ao erro. Veja como lidar com a mudança e, ao mesmo tempo, garantir que as coisas dêem certo:

Lição 1: Nunca se dê por vencido pelas circunstâncias. Andy Grove não permitiu que uma doença potencialmente fatal o imobilizasse.

Quando uma situação parece estar fora de controle, se dá por vencido e desiste? Ou procura aspectos da situação que saiba dominar? Quando você se depara com a mudança, o ritmo dos acontecimentos o tira do caminho escolhido ou você consegue incorporar as mudanças à sua vida de forma positiva?

O sucesso depende da sua capacidade de descobrir as oportunidades de aprendizado e crescimento existentes em qualquer problema.

Lição 2: Se chegar a um beco sem saída, procure pela placa de desvio. Quando Ludwig van Beethoven ficou surdo, ele começou a escutar a música que havia dentro de si mesmo.

Mudanças imprevistas o deixam em depressão ou servem de incentivo para você buscar formas de contorná-las? Uma surpresa desagradável o convence a mudar o rumo?

Quando a mudança o surpreender com uma parede de tijolos, procure pela janela da oportunidade.

Lição 3: Olhe além de si mesmo. Robert Landau colocou as necessidades dos mais necessitados na frente das suas.

Uma virada para pior na sua vida o induz à autopiedade ou você coloca sua própria situação em perspectiva?

Estender a mão para ajudar pessoas menos afortunadas que você pode ser o melhor antídoto contra a autopiedade e para impedir que você fique remoendo o que o destino lhe tenha trazido.

Lição 4: Mude você mesmo antes que seja tarde. Como Albert Schweitzer, você também pode iniciar a mudança em sua vida.

Sua carreira se parece com um velho hábito difícil de mudar? Alguma vez você já parou para pensar no enorme sucesso que poderia alcançar se tentasse um caminho radicalmente diferente do que está trilhando?

Nunca é tarde demais para revisitar seus sonhos. E, se achar que os perdeu, para recuperar o poder revigorante que eles têm.

Lição 5: Aja corajosamente. Se Lee Iacocca tivesse tentado apenas instituir pequenas mudanças graduais, talvez sua companhia tivesse ido à bancarrota.

Quando percebe que deve promover uma mudança drástica em sua vida ou carreira, você apenas pensa nela ou age decisivamente? Alguma vez você evitou fazer mudanças necessárias simplesmente por temer as conseqüências de "entornar o caldo"?

Raramente a coragem irá prejudicá-lo tanto quanto a passividade ou a inércia.

É verdade que nem sempre você consegue traçar seu próprio caminho; outras vezes, porém, os ventos da mudança podem tirá-lo do curso esperado. Para ter uma vida feliz e bem-sucedida, aprenda a dar as boas-vindas à mudança e usá-la a seu favor, para que as coisas dêem certo.

REGRA Nº 4
Ganhe poder renunciando a ele

"O poder não está dentro de nós: ele flui através de nós."

HARRY EMERSON FOSDICK

A história das corporações americanas mostra que o velho modelo de chefes todo-poderosos tem dado lugar a um ambiente menos hierárquico e equipes com autonomia para tocar sua unidade de negócio. Quem age como tirano só atrai má vontade e rancor para si e, geralmente, perde o poder tão logo os que estão embaixo se unem para rebelar-se contra a tirania. Já as pessoas esclarecidas sabem que o modo mais seguro de *conseguir* e *manter* o poder é conferindo-o a outros. Nesse caso, invariavelmente, as pessoas querem mostrar que estão à altura dessa atribuição e fazem as coisas darem certo para suas organizações e para si próprias. Aqueles que delegam autoridade, tratando os outros com confiança e respeito, geram boa vontade e, a cada parcela de poder que dão, recebem de volta mais confiança e influência. Essas pessoas tornam-se ímãs para o poder. É assim que Mike Krzyzewski (treinador K), técnico da equipe de basquete Blue Devils da Universidade de Duke, é visto por sua equipe.

Imagine que você está jogando a rodada final do campeonato nacional de basquete amador. Você é pivô na equipe Blue Devils do treinador K e recebe um passe a vinte segundos do final do jogo. Dois pontos empatam o jogo, mas, se você fizer três pontos, seu time ganha. O meia está perto da linha de três pontos e sinaliza que está desmarcado, mas você acha que pode correr até a cesta e empatar ou ganhar o jogo sem ajuda de ninguém. O que você escolhe fazer? Segura a bola ou a passa para o companheiro? Você arrisca uma cesta de três pontos? Ou deixa o companheiro mais bem colocado fazer o ponto? Se você realmente fosse um dos Blue Devils, não teria um instante sequer de dúvida: faria o que fosse melhor para o time, mesmo que isso significasse não ver a imagem da sua cesta salvadora nos telejornais vespertinos.

O treinador K diz que muito de sua filosofia foi adquirido enquanto servia ao Exército: "Ser um oficial foi um bom treino para técnico. O objetivo é transformar um grupo de homens com formações diferentes em uma unidade coesa." Para ele, sua missão como técnico é "motivar cada jogador para que ele dê o máximo de si e ajude a equipe a dar o máximo".

Fiel às suas palavras, o treinador usa as qualidades dos membros de sua equipe para criar uma conexão entre eles. "Brian Davis era um excelente comunicador", disse ele sobre um jogador. "Por isso, às vezes eu pedia que ele passasse minhas instruções diretamente para seus colegas na quadra." Outra estratégia que ele usa para fortalecer sua equipe é, nos quinze minutos de intervalo, se dirigir ao time rapidamente, apenas para acalmar seus nervos e encorajá-los ou desafiá-los, dependendo da situação. Em seguida, ele se retira com a comissão técnica para outra sala para rever o primeiro tempo do jogo e discutir mudanças na estratégia. O treinador K acredita que esse tempo longe do técnico dá força aos jogadores: "Eles podem descansar e conversar entre si sobre o desempenho do time. Sem a presença do técnico, um dos jogadores pode fazer um comentário que surtirá mais efeito do que qualquer coisa que eu diga a noite inteira."

Ao demonstrar respeito pelas opiniões e idéias dos membros de sua equipe, o treinador K incentiva seus jogadores a acreditarem em sua própria capacidade. Isso se reflete no sucesso acadêmico dos membros da equipe Blue Devils: quase todos os estudantes que jogaram nas últimas quatro temporadas formaram-se no tempo certo – um recorde sem precedentes.

Como Mike Krzyzewski demonstrou com tanta competência, aqueles que se empenham em fazer as coisas certas para si mesmos geralmente começam ajudando outros a fazerem as coisas certas.

Pense no poder como se ele fosse dinheiro, que você pode enterrar no quintal ou investir no mercado de ações. Se você o guardar, seu poder ficará apenas escondido. Se você souber investi-lo nos outros, ele renderá juros e dividendos. Esse modelo de investimento pode ser aplicado a quatro esferas de poder que interagem em nossas vidas:

- A aldeia global
- As bases da sociedade
- A organização cooperativa
- A equipe unificada

O que você faria se presenciasse uma injustiça que afetaria milhões de pessoas? Daria as costas e ignoraria o problema? Ou você se lembraria do provérbio "a união faz a força" e recrutaria outros para ajudá-lo a consertar o que está errado?

Você já se deparou com uma lei ineficaz ou branda que perpetua uma situação perigosa para a comunidade? Você pensaria em iniciar um movimento popular para reformá-la?

O que você faria se fosse responsável por uma grande organização? Assumiria sozinho o poder de tomar decisões ou envolveria o grupo inteiro no processo?

Como formar um time a partir de um grupo de indivíduos com pouca coisa em comum?

Vamos conhecer, a seguir, quatro pessoas que delegaram poder de forma eficiente e receberam em troca ótimos dividendos.

A aldeia global

Em 15 de agosto de 1947, a Índia deixou de ser colônia inglesa, como resultado da campanha revolucionária de não-violência de Mohandas Karamchand Ghandi ("Libertem a Índia"). Gandhi foi o responsável por um momento decisivo no processo revolucionário da história humana através de uma política firme de não-violência e ao dividir o poder com milhões de indianos. Embora tenha começado sua revolução sem muito alarde e com pouca influência, ele percebeu que, ao dividir com outros o pouco poder que tinha, aumentava exponencialmente sua esfera de influência e a eficácia de sua causa política.

Gandhi nasceu em 2 de outubro de 1869, filho de uma família tradicional de Porbandar, na Índia. Durante toda a sua infância, aprendeu que, para serem vistas como bem-educadas e proeminentes, as pessoas tinham de falar inglês sem sotaque indiano e vestir roupas feitas em Londres. As regras eram claras: para prosperar na vida, as pessoas tinham de cooperar com os ingleses e aceitar as regras por eles impostas. Por isso, o pai de Gandhi, primeiro-ministro do Estado, costumava ir trabalhar com roupas ocidentais, embora isso o desgostasse profundamente. "Se eu fosse um pintor", escreveria Gandhi mais tarde, "teria retratado o desgosto de meu pai e a tortura espelhada em seu rosto quando ele vestia as meias e calçava os sapatos desconfortáveis e disformes." Mas o pai de Gandhi sentia-se impotente para reagir e vestir-se à maneira dos indianos.

Quando sua família mudou-se de Porbandar para a cidade de Rajkot, no noroeste da Índia, o pai de Gandhi ocupava um cargo ainda mais importante, embora as novas condições de vida da família fossem deploráveis. Em Rajkot, apenas os ingleses podiam morar nas belas casas do melhor bairro da cidade. Qualquer que fosse sua posição ou riqueza, os indianos eram obrigados a viver no que os ingleses chamavam de "cidade dos nativos", um bairro pobre, barulhento, sujo e superpovoado, com ruas de terra e sem rede de esgotos. O bairro dos ingleses, por outro lado, tinha ruas pavimentadas, instalações sanitárias e conveniências modernas. A primeira experiência com segregação de classes marcou para sempre o jovem Gandhi.

Aos dezessete anos, Gandhi matriculou-se em uma faculdade indiana; ciente de que o diploma numa instituição local nunca seria respeitado pelo poder colonial, convenceu sua família a mandá-lo para Londres, onde cursou a faculdade de direito. Estava aprendendo a "agir como um cavalheiro inglês", disse mais tarde. Trajando um elegante terno, camisa de seda, polainas, cartola e bengala com cabo de prata, ele se parecia em tudo com um próspero advogado.

Depois de se formar, Gandhi voltou à Índia, mas não conseguiu sobressair-se na profissão. Por isso, aceitou um emprego na África do Sul. Revoltado ao ver que o tratamento dado aos indianos que lá moravam era pior do que o atribuído aos animais, Gandhi dedicou-se a lutar por seus direitos sociais e políticos. "Descobri que, como homem e como indiano, eu não tinha nenhum direito", disse Gandhi.

Numa ocasião, mesmo tendo pago por uma passagem de primeira classe no trem que ia de Durban para Pretória, ele foi duramente humilhado e obrigado a sair de sua cabine. Nem na classe econômica ele era bem-vindo, com o cobrador afrontando-o verbal e fisicamente quando ele se recusou a passar para um assento inferior. Em vez de simplesmente voltar ao seu país, ele escolheu lutar pelo bem-estar dos indianos na África do Sul.

Seu objetivo inicial – progredir como advogado – logo foi substituído pela vontade de fazer justiça. Em maio de 1894, ele fundou o Congresso Indiano de Natal (província ao leste da África do Sul) e deu início à luta pela melhoria das condições de saneamento, educação e moradia para seu povo. Durante vinte anos, ele financiou seu ativismo na África do Sul através do exercício da advocacia.

Em 1906, durante um período de relações particularmente tensas na região sul-africana de Transval, Gandhi formulou pela primeira vez a teoria da resistência passiva e a força da união: *satyagraha*, ou a "força da alma pura e simples". Ele explicou que sua postura política diferia da teoria convencional de resistência passiva: "Se deixarmos que os outros acreditem que somos fracos e indefesos, nossa resistência nunca nos fará fortes. Por outro lado, se oferecermos *satyagraha* acreditando que somos fortes, duas conseqüências muito claras resultarão dessa atitude. Adotando a idéia de força, ficaremos mais fortes a cada dia. Com o aumento de nossa força, nossa *satyagraha* também se tornará mais eficiente."

Em outras palavras, Gandhi via o protesto pacífico não como um ato passivo, mas como um meio ativo através do qual ele e seus amigos indianos poderiam demonstrar e ampliar seu poder político. Para Gandhi, cada indivíduo presente em um protesto – e não apenas o líder – transmitia uma mensagem invencível, com cada alma acrescentando a mesma quantidade de energia à força da alma de *satyagraha*.

Quando o governo sul-africano tentou restringir ainda mais os direitos dos não-brancos, Gandhi organizou uma ampla marcha de protesto. Em 1913, ele e outros dois mil indianos cruzaram a pé a região de Transval, uma área quase totalmente proibida a eles. Embora hostilizados e insultados pelas tropas africanas, os participantes da marcha se mantiveram fiéis à não-violência. A moderação e a cortesia demonstradas por esse grupo de protestantes maltrapilhos conquistaram tanta admiração no mundo inteiro que uma enorme pressão internacional acabou por forçar o governo sul-africano a reconsiderar os atos contra os indianos. Gandhi tinha fortalecido seus milhares de seguidores, entre os quais muitos trabalhadores braçais desempregados que nunca antes haviam acreditado no seu próprio valor.

Bem-sucedido em sua primeira grande campanha, Gandhi voltou à Índia a fim de envolver-se no movimento pela *swaraj* (independência). Gandhi esperava aplicar sua teoria de *satyagraha* ao movimento pela independência, promovendo a causa através do irresistível poder da força da alma. Primeiro, organizou um protesto pacífico contra o drama dos camponeses da região de Champaran, que trabalhavam na indústria de índigo, rigidamente controlada pelo governo colonial. "Em poucos meses, *satyagraha* deu um fim a esse abuso de tantos anos", afirmou Gandhi com orgulho.

Gandhi passou então a representar a oprimida classe dos camponeses em outras províncias. Ele foi atacado pelo governo, tanto física quanto politicamente, mas sempre respondia com a força e a paciência originadas das próprias convicções. Finalmente, em 1947, depois de quarenta anos de lutas, os indianos conquistaram sua independência e os ingleses retiraram-se daquela que tinha sido uma de suas colônias mais lucrativas.

Seus compatriotas, para expressar sua admiração e agradecimento, o chamam de Mahatma, que quer dizer "Grande Alma", um título apropriado para um homem que se absteve do poder pessoal para investi-lo nas outras pessoas. As coisas deram certo porque ele sabia como ganhar poder renunciando a ele.

As bases da sociedade

John Walsh, o famoso apresentador de TV da série *America's Most Wanted*, também se destacou por delegar poder a outras pessoas. Em face de circunstâncias pessoais devastadoras, Walsh conseguiu transformar sua dor e raiva em uma força social positiva.

A história começa em 1981, quando sua vida girava em torno da família e da empresa de administração hoteleira da qual ele era sócio em Hollywood, na Flórida. O mundo dos Walsh desmoronou bruscamente quando seu filho, Adam, desapareceu durante um passeio a um shopping center com a mãe. Quando perceberam que a polícia não dispunha de meios eficazes para divulgar o sumiço do garoto sequer para a vizinhança, os pais decidiram procurar o filho por conta própria.

Quando o que está em risco é a vida de uma criança, pensava Walsh, será que as autoridades não deveriam seguir todas as linhas de investigação possíveis? John Walsh crivou a polícia de perguntas a respeito do curso da investigação, mas, como não recebeu nenhuma resposta satisfatória, logo desistiu de tentar fazer um sistema insensível funcionar. Em vez disso, ele usou seu tino comercial para interagir com o problema, buscando o melhor meio possível de encontrar seu filho sem a ajuda do departamento de polícia.

Walsh colocou cartazes com a descrição e o retrato de Adam pela vizinhança, torcendo para que alguém reconhecesse o garoto. Em seguida solicitou à imprensa local que fizesse reportagens sobre a história do desaparecimento de seu filho. A mídia inicialmente mostrou-se relutante em colocar no ar uma história tão "deprimente", mas um programa de TV acabou mostrando a foto do menino desaparecido.

John Walsh não parou por aí. Ele sabia que um seqüestrador poderia transportar seu filho facilmente para fora da cidade, por isso ele também procurou as redes nacionais de TV a fim de colocar no ar notícias sobre o desaparecimento de seu filho. Apesar do desgaste emocional tremendo que seria para ele e sua mulher, Walsh concordou em se apresentar em programas de entrevistas, torcendo para que alguém visse a foto de seu filho e telefonasse dando alguma pista.

De maneira trágica, no entanto, justamente quando os Walsh estavam se preparando para participar de um desses programas com um grupo de outros pais de crianças desaparecidas, John foi avisado de que o crânio de um garotinho tinha sido encontrado e a polícia estava tentando identificá-lo para saber se era o de Adam. John refletiu se contava ou não à mulher, Reve, sobre essa possibilidade. Finalmente, decidiu não contar, pois o crânio poderia não ser do filho deles. Também ponderou se deveria ou não ir ao programa marcado para aquele dia. Novamente, como Adam ainda poderia estar vivo em algum lugar, ele decidiu continuar.

E assim aconteceu. Pela primeira vez, um esforço popular para ajudar a encontrar uma criança desaparecida eletrizou o país inteiro. Após o programa, Reve foi a um restaurante com os outros pais para discutirem sobre os próximos passos a tomar para recuperar seus filhos. John voltou para o hotel e recebeu o telefonema que temia. A polícia confirmou que os restos mortais localizados eram realmente de Adam.

A raiva o fez quebrar tudo que estava ao seu alcance no quarto. Quando, enfim, conseguiu se recompor, telefonou para o restaurante onde Reve ainda planejava o que fazer para recuperar o filho, agora perdido para sempre. Ele pediu que ela retornasse ao hotel, para que pudesse lhe dar a notícia em particular. John e Reve Walsh sofreram terrivelmente por Adam, culpando-se por não o terem protegido, à polícia por não ter dado a devida importância ao caso, à mídia por ter relutado em colocar no ar a história de uma criança desaparecida e, principalmente, ao monstro desconhecido que lhes tinha roubado o filho e ainda estava à solta.

Apesar da enorme tristeza e do ressentimento que sentiam, os Walsh decidiram levar adiante a cruzada que tinham iniciado pelo próprio filho, agora em benefício dos outros pais. Eles decidiram aliviar a dor apontando e tentando consertar as falhas no sistema que impediram que uma ação rápida salvasse seu filho. Conhecendo o pesadelo que era conseguir que um projeto de lei fosse aprovado pelo Congresso, o casal se mudou para Washington para lutar em tempo integral por essa causa. Eles reuniram tal quantidade de seguidores, recebendo milhares de cartas de apoio de todo o país, que o Congresso percebeu que seria tolice ignorar as reivindicações de um homem que tinha recebido um mandato outorgado informalmente por milhões de pessoas.

Por fim, foram aprovados o Estatuto da Criança Desaparecida e o Estatuto de Assistência à Criança Desaparecida, que deram origem ao Centro Nacional para Crianças Desaparecidas e Exploradas. Em memória de seu filho, os Walsh criaram uma organização sem fins lucrativos destinada a continuar a reforma legislativa sobre o assunto.

Em 1988, sete anos após a morte de Adam, a rede de televisão Fox sondou John Walsh sobre a possibilidade de vir a ser o apresentador de *America's Most Wanted* (Os bandidos americanos mais procurados), um programa que mostraria o rosto de criminosos, na esperança de que o público pudesse ajudar a capturá-los. No princípio, Walsh relutou em aceitar a oferta. Ele tinha receio de que se tornar uma "personalidade da TV" pudesse abalar sua credibilidade em Washington. No entanto, intrigado com a concepção do programa, concordou em apresentar o primeiro episódio, sem se comprometer a ser o apresentador permanente da série.

Quando ele chegou para gravar o episódio, os produtores de

America's Most Wanted mostraram a reconstituição do primeiro crime, já gravada. Ao assistir à história de David James Roberts, um criminoso foragido que tinha sido condenado seis vezes à prisão perpétua por assassinato, Walsh soube que duas das vítimas de Roberts tinham menos de dois anos de idade. Horrorizado com o fato de esse monstro ainda estar solto nas ruas, representando uma ameaça para crianças e adultos, Walsh percebeu o que deveria fazer para as coisas darem certo. "Eu não podia acreditar naquilo. 'Sou o pai de uma criança assassinada e esse é um homem que matou duas crianças', eu disse. 'Não seria genial se nós pegássemos esse cara? Seria o máximo!'"

Walsh ficou entusiasmado com as possibilidades do programa, mas estipulou algumas condições para aceitar. Queria assegurar-se de que as informações obtidas com a veiculação do programa beneficiariam não apenas a polícia federal, mas também as polícias municipal e estadual. Afinal de contas, ele tinha testemunhado diretamente os problemas causados pela falta de coordenação entre os diferentes órgãos. Além disso, ele queria que fosse habilitado um número para ligação gratuita para que qualquer pessoa que tivesse informações pudesse ligar sem problemas. A rede aceitou as condições, e o *America's Most Wanted* foi ao ar pela primeira vez em 7 de fevereiro de 1988. Desde então, o programa já ajudou a capturar mais de quatrocentos criminosos.

Walsh deu poderes às vítimas de crimes violentos ao aperfeiçoar a legislação e promover a cooperação entre as polícias, assim como deu poderes ao público telespectador permitindo que cada indivíduo participasse do processo de investigação. Ao ajudar a dar mais poder às pessoas para se protegerem, John Walsh ganhou o respeito e a confiança de milhões de pessoas. Ele foi elogiado pelo seu trabalho por três presidentes, por vários órgãos da justiça e pela mídia, inclusive pelo programa *CBS Portraits*, que o intitulou um dos "100 Americanos que Mudaram a História".

A organização cooperativa

No início dos anos 1980, Jack Welch assumiu a direção da General Electric, um empresa famosa por suas técnicas inovadoras de planejamento estratégico, gerenciamento e tecnologia pioneira. Entretanto, na época em que Welch assumiu o comando, o gigante industrial tinha se tornado tão complacente que corria o risco de entrar em uma espiral decrescente. Para reenergizar a companhia, Welch, inicialmente, tentou a solução cirúrgica completa, envolvendo demissões em massa e reestruturação.

Essa tática logo lhe rendeu o apelido de "Jack Nêutron": o líder que elimina as pessoas, mas deixa os prédios em pé. Welch percebeu que estava demitindo pessoas de cujos conselhos ele necessitava e cujos esforços seriam a chave para reerguer o gigante em decadência. Essa conscientização o levou ao topo do ranking mundial de executivos-chefe, mostrando que ele era mestre na prática de acumular poder renunciando a ele.

Reconhecendo que a herança da companhia e as realizações passadas não poderiam garantir o futuro da empresa, Welch enfrentou uma resistência considerável às suas iniciativas de mudanças. Como a empresa recebia inúmeros pedidos de locomotivas, turbinas a vapor e usinas nucleares, muitos diretores da GE sentiam uma falsa impressão de segurança, mas o fato é que os lucros da companhia dependiam de negócios tecnologicamente ultrapassados, que cresciam em ritmo lento ou que simplesmente não cresciam. Das muitas unidades operacionais da GE, poucas mantinham posições sólidas no mercado, e mesmo alguns mercados nos quais a GE tradicionalmente tinha um bom desempenho, como o de energia elétrica, haviam começado a declinar.

Para reverter a situação, Welch definiu que o objetivo de cada divisão da GE deveria ser tornar-se a primeira ou a segunda em seu mercado, ou então sair daquele ramo de negócios. Isso fez com que cada funcionário se sentisse responsável pela sobrevivência da corporação. Era preciso examinar os esforços de todos os indivíduos e da equipe para determinar exatamente *como* o trabalho era executado e *por quê*.

Para fazer com que todos na GE analisassem a eficiência da companhia, Welch deu início a uma estratégia de avaliação dos procedimentos que só recentemente começou a ser compreendida pelos empresários do mundo todo. Para começar, ele pediu que todos os funcionários fizessem uma "radiografia" do seu trabalho, um resumo que refletisse suas atividades diárias. O conjunto dos resumos de todos os funcionários formou um retrato das operações da empresa como um todo. Ao revelar como as pessoas *realmente* gastavam seu tempo, esses relatórios forneceram um panorama sobre onde a companhia estava alocando seus recursos.

Durante o processo, cada pessoa avaliou como as atividades individuais influenciavam a saúde total da organização. Os funcionários também passaram a ter noção do que eles e seus departamentos estavam fazendo certo e onde precisavam melhorar. Com essa nova ferramenta, era possível mensurar e assumir a responsabilidade por suas próprias contribuições. Ao dar esse poder a seus funcionários, Welch demonstrou que compreendia o papel fundamental que a delegação de poder exerce na credibilidade de seu trabalho como executivo-chefe e na superação do medo de mudanças.

Não é preciso dizer que a GE se tornou uma das companhias mais valiosas do mundo. O valor de suas ações subiu quase 50% em apenas um ano; praticamente o mesmo crescimento alcançado pela Microsoft, só que obtido por uma empresa muito maior e com cento e sete anos de existência. Welch já disse que, para manter esse sucesso, é preciso continuar a aperfeiçoar as técnicas de gerenciamento via delegação de poder. "Controle seu próprio destino ou alguém o fará por você", é o que ele aconselha aos membros da organização.

Ao abdicar do poder, Jack Welch permite que cada funcionário da GE faça a sua parte.

A equipe unificada

Às vezes, dar poderes a outras pessoas significa simplesmente conscientizá-las de seu próprio poder e de que têm direito a ele. É isso o que mostra a história de Jaime Escalante, um professor de primeiro grau de Los Angeles que assumiu a missão de descobrir os talentos de um grupo de estudantes classificados como fracassados pela escola e pela sociedade.

Jaime Escalante havia lecionado na Bolívia durante quatorze anos, mas, ao chegar aos Estados Unidos com trinta e quatro anos, teve que começar tudo de novo. Primeiro, ele foi para Porto Rico, onde estudou ciências e matemática; em seguida, mudou-se para a Califórnia. Lá, precisou trabalhar durante o dia como ajudante de garçom e cozinheiro para estudar à noite e conseguir um novo diploma. Depois de formado em eletrônica, foi trabalhar como técnico em uma fábrica de produtos eletrônicos, e passava as noites estudando para graduar-se em matemática.

Finalmente, aos quarenta anos, o incansável Escalante conseguiu emprego como professor de matemática na Garfield High, que atendia a um dos distritos com maior taxa de criminalidade em Los Angeles. Drogas, gangues e violência perturbavam a escola e os alunos todos os dias. Em seu primeiro dia de aula, o professor teve de enfrentar uma turma de adolescentes classificados pelo corpo docente como "incorrigíveis". Escalante logo deixou claro que não concordava com esse rótulo. Na sua opinião, o desafio deles era maior do que o da maioria. Ele sabia que seus alunos vinham de famílias que tinham vivido na pobreza por tantas gerações que se sentiam incapazes de melhorar as condições de vida. Mas ele acreditava no poder de uma boa educação e do orgulho decorrente da conquista de um objetivo contra tudo e contra todos.

Normalmente, essas palavras poderiam parecer conversa fiada, porém, vindas de um professor que tinha passado por problemas parecidos, elas tinham muita credibilidade. As possibilidades descritas eram novas para os alunos, assim como a fé inabalável no potencial deles. Escalante conseguiu motivar a turma a estudar cálculo para o Teste Avançado de Nivelamento em Cálculo, inclusive freqüentando aulas extras aos sábados. Esse teste era tão difícil que apenas 2% dos participantes do país inteiro conseguiam passar. O resultado foi surpreendente: todos os alunos de Escalante da Garfield High, o primeiro grupo da escola a se submeter ao teste, passaram com louvor.

O órgão responsável pela elaboração e correção do teste considerou suspeito o fato de que vários dos estudantes de Escalante tinham cometido os mesmos erros e anulou a prova. O jeito foi repetir o exame, dessa vez sob as vistas de guardas armados, e novamente a maioria dos estudantes passou com notas altas.

À medida que as turmas subseqüentes de alunos da Garfield High passavam no exame, o professor tornou-se um herói nacional na área de educação. Dezoito alunos de Escalante fizeram o Teste Avançado de Nivelamento em Cálculo de 1982 e, dos que passaram, um terço era formado por hispânicos vindos de todo o país. Em 1991, a Garfield High já contabilizava quinhentos e setenta alunos submetendo-se ao Teste de Nivelamento, agora em matemática e outras matérias.

Com o apoio da Fundação para o Avanço da Ciência e Educação, Escalante criou uma série de TV que traz a matemática para a vida real, mostrando onde ela pode ser aplicada, desde uma mera brincadeira com skate até naves espaciais. A série ganhou o Prêmio Peabody de excelência. Finalmente, após vinte anos de magistério, Escalante recebeu a Medalha Presidencial dos Estados Unidos por suas conquistas extraordinárias. Em 1988, ele inspirou o personagem principal do aclamado filme *O Preço do Desafio*.

Escalante mostra a seus alunos – e a nós também – que raça, história e classe social nunca devem ser um obstáculo na busca de um ideal. Ele deu a seus estudantes mais do que o entendimento de cálculo: ele lhes deu o poder de fazer as coisas darem certo.

O poder e a Nova Lei de Murphy

É fácil alguém se sentir insignificante quando é apenas um na multidão. No entanto, como bem mostram as histórias que ilustram este capítulo, uma pessoa pode fazer uma grande diferença. Para chegar lá, você deve incorporar as seguintes lições em sua vida:

Lição 1: Controle seu egoísmo. O técnico K ensina a seus jogadores o valor de abrir mão da glória pessoal em prol do sucesso da equipe.

Quando você está ocupando uma posição de poder, aproveita as habilidades de cada indivíduo? Você gosta de ver outras pessoas vencerem como resultado de sua liderança e assistência?

Quando o egoísmo o instigar a agir de forma controladora ou manipuladora, lembre-se de que o seu sucesso depende do sucesso das pessoas à sua volta.

Lição 2: Nunca permita que a resistência de terceiros o prive do poder. Gandhi e sua "força da alma" encontraram muita resistência até atingir sua meta: a independência da Índia.

Você é capaz de manter a dedicação a um objetivo importante, mesmo se receber uma "ducha de água fria"? A oposição de outras pessoas já o fez abandonar seu objetivo? Você costuma mobilizar o apoio de terceiros para superar a oposição? Você consegue inspirar os que estão à sua volta a fazer o mesmo?

Defina cada obstáculo, bloqueio de percurso ou retorno como uma oportunidade de se fortalecer ainda mais.

Lição 3: Confie na força da união. Mais de quatrocentos criminosos foram parar atrás das grades porque John Walsh deu poder a pessoas honestas para identificar os desonestos escondidos entre eles.

Você se sente só e indefeso quando alguma coisa dá errado em sua vida pessoal ou profissional? Quando define uma meta que não pode atingir sozinho, você partilha as informações necessárias para que outras pessoas se juntem à sua causa?

Quando necessitar da ajuda de muitas pessoas para atingir um objetivo, faça o que for preciso para que o poder flua até elas.

Lição 4: Use os pontos fortes enquanto melhora os pontos fracos. Como demonstra a história de Jack Welch, se você ajudar as pessoas a reconhecer e apreciar os pontos fortes e fracos que têm, suas chances de atingir o objetivo são muito maiores.

Alguma vez você já se sentiu exasperado com a fraqueza de alguém ou teve inveja de sua força? Quando encontra pontos fracos em outras pessoas, você as rotula ou procura pelos pontos fortes que podem ajudá-los a superar suas fraquezas?

Tente reconhecer e avaliar os pontos fortes e fracos de terceiros e os seus próprios, sabendo que o sucesso advém não só do que você faz bem, mas também de melhorar o que você não faz bem.

Lição 5: Inspire os outros a se fortalecerem. Jaime Escalante ensinou mais do que matemática: ele mostrou a seus alunos que eles possuíam o poder de melhorar as próprias vidas.

Você trabalha ou convive com pessoas às quais falta autoconfiança? Você pensa em uma forma de ajudá-las a se sentirem mais autoconfiantes?

Ao servir de exemplo e respeitar a capacidade dos outros em usar o poder de seus talentos de forma eficaz, você pode inspirar as pessoas à sua volta a realizar mais do que jamais sonharam.

Ninguém pode fazer muito sozinho, mas, quando muitas pessoas se juntam em prol de uma causa, cada uma delas usufruindo o poder de fazer as coisas acontecerem, normalmente dá certo. Todos saem ganhando: tanto quem renuncia ao poder como quem recebe o poder.

REGRA Nº 5

Pratique a humildade estratégica

"Uma mente aberta acumula mais riquezas do que uma bolsa aberta."

Will Henry

Quando pessoas competentes e decididas reconhecem que não possuem todo o conhecimento de que necessitam e decidem fazer algo para preencher essa lacuna, costumamos dizer que esse é um ato de humildade estratégica. Você sabe aonde quer chegar (estratégia), admite que ainda não sabe exatamente como (humildade) e então pede ajuda (humildade estratégica). Admitir falta de informação ou conhecimento técnico e buscar ajuda para adquiri-los requer autoconfiança, como bem ilustra a história de sucesso da fábrica de sorvetes Ben & Jerry's.

Ben Cohen e Jerry Greenfield se conheceram na sétima série e logo se tornaram amigos íntimos, graças ao fato de compartilharem uma "profunda e sincera estima por boa comida aos montes", como eles mesmos afirmam. Após o colegial, Ben preferiu trabalhar como motorista de uma fábrica de sorvete, serviço pelo qual recebia 100 dólares por semana, além de ter autorização para tomar quantos sorvetes quisesse, enquanto Jerry optou por tentar a medicina.

Depois de algumas tentativas infrutíferas de entrar para a faculdade de medicina, os dois amigos sentaram para pensar sobre o futuro. Que tipo de negócio lhes daria prazer? "Nós queríamos trabalhar com algo que fosse divertido", explica Ben em seu livro de receitas, cuja introdução conta a história de sua empresa. "Queríamos não ter chefe e poder trabalhar quando, onde e como quiséssemos."

Os dois acabaram decidindo abrir uma pequena lanchonete e oferecer a seus clientes uma de suas duas comidas favoritas: brioches ou sorvetes. Ao comparar o alto custo do equipamento para fazer brioches em relação à máquina de fazer sorvete, decidiram que seria sorvete o foco do novo negócio. Em seguida escolheram o local de seus sonhos: a zona rural de Vermont. Nesse meio tempo, os dois se inscreveram em um curso por correspondência sobre fabricação de sorvete, oferecido pela Universidade Estadual da Pensilvânia.

Em 1978, finalmente, Ben e Jerry juntaram todo o dinheiro de que dispunham, pediram emprestados mais quatro mil dólares e, com um investimento total de 12 mil dólares, reformaram um velho posto de gasolina e inauguraram sua sorveteria. A expectativa deles era de que a aventura durasse alguns anos, até encontrarem outra coisa para fazer. Mas acontece que o sucesso foi estrondoso. O mais surpreendente é que Ben e Jerry tinham aplicado práticas comerciais pouquíssimo ortodoxas. Na verdade, eles criaram seu negócio em torno de um conceito chamado "prosperidade vinculada", o qual garantia que todos os funcionários tinham participação nos lucros da empresa desde o começo. Os especialistas disseram-lhes inúmeras vezes: "Ninguém nunca fez isso antes. Vocês devem estar loucos. Não vai funcionar." Mas funcionou.

Embora soubessem que suas práticas nada convencionais poderiam limitar seus lucros, eles acreditavam que os clientes concordariam em pagar um pouco mais por um produto de alta qualidade, cujo processo de fabricação, além disso, respeitava o meio ambiente, os empregados e a vizinhança. Tudo correu bem durante quase vinte anos, mas em 1995 Ben Cohen e Jerry Greenfield foram forçados a tomar uma decisão difícil. A demanda por seus produtos estava crescendo num ritmo muito acelerado e os dois chegaram à conclusão de que não poderiam continuar a dirigir a empresa sozinhos. Eles precisavam procurar um executivo para ajudar o negócio a crescer.

Ben e Jerry não queriam aquele tipo de executivo obcecado por resultados que a maioria das grandes companhias prefere. Eles não queriam alguém que colocasse os lucros antes dos princípios. Não queriam abrir mão, por exemplo, de adquirir todo o suprimento da Ben & Jerry's de pequenas fazendas, que trazem grandes benefícios para a sociedade e o meio ambiente. O novo executivo não deveria reclamar se tivesse de pagar preços mais altos a esses fornecedores.

Ele também tinha de seguir a política de recursos humanos da Ben & Jerry's, ou seja, avaliações anuais feitas pelos funcionários sobre seus supervisores, treinamento para ajudar os empregados a entender a finalidade e o processo dessas avaliações e envolvimento dos funcionários em todas as principais decisões tomadas na companhia, desde pacotes de benefícios até a criação de uma creche no local. Ben e Jerry decidiram que pagariam à pessoa certa mais de sete vezes o salário recebido pelos funcionários na base da pirâmide salarial da empresa, que tinha sido tradicionalmente o salário mais alto deles.

No final de 1995, após uma extensa pesquisa, Ben Cohen anunciou a nomeação de Robert Holland Jr. como novo presidente da companhia. Holland sabia que seu sucesso dependia de conseguir manter o sentimento de empresa familiar em uma corporação em franco crescimento. Ele introduziu novos produtos (como, por exemplo, *sorbets* e *frozen yogurts light*) e realmente conduziu a companhia através desse período de crescimento com liderança e equilíbrio.

Ben e Jerry souberam admitir que lhes faltava conhecimento

técnico para gerenciar o crescimento de sua empresa. Ao fazer isso, eles provaram a eficácia da humildade estratégica, um dos aspectos mais difíceis de fazer as coisas darem certo.

Saiba quais são as principais motivações para você admitir para si mesmo que não sabe tudo o que é preciso para vencer na vida pessoal e profissional. Examinar as quatro motivações listadas abaixo permite que você avalie melhor sua capacidade, admita seus pontos fracos e busque a ajuda necessária:

- Desenvolver sua auto-estima
- Inspirar o respeito das outras pessoas
- Permitir um aprendizado contínuo
- Dar o exemplo

Alguma vez você já sentiu que simplesmente não estava à altura da imagem que construiu de si próprio ou que essa imagem não correspondia à realidade?

Você acha que as outras pessoas o respeitam? Você respeita a si próprio? Você deseja respeitar a si próprio e receber o respeito das outras pessoas?

Em algum ponto de sua vida ou de sua carreira você achou que sabia tudo? Você já chegou a um ponto em que achou que aprender mais sobre sua profissão era desnecessário ou inútil?

Que exemplos guiam sua vida pessoal e profissional? Que conhecimentos, qualificações ou conquistas você tem de adquirir para tornar-se um exemplo para as outras pessoas?

Essas e outras questões semelhantes têm levado as pessoas a colocar de lado pressupostos ou concepções errados sobre sua capacidade. Neste capítulo, vamos mostrar exemplos de pessoas que sabiam – ou pensavam que sabiam – aonde queriam chegar, mas acabaram percebendo que lhes faltavam os meios para chegar lá e buscaram ajuda. Ou seja, elas praticaram a humildade estratégica para fazer as coisas darem certo.

Desenvolver a auto-estima

Em 1927, aos quinze anos, Chuck Jones largou o curso secundário e inscreveu-se no Instituto de Artes da Califórnia, em Los Angeles. Seu sonho era tornar-se um grande artista no sentido "clássico", mas, assim que teve sua primeira aula de desenho, ficou desanimado ao ver como os outros alunos eram muito mais hábeis do que ele no desenho. Tentado a desistir, mas inseguro sobre o que fazer, Jones pediu conselhos a seu tio Lynn. "Eles são um bando de Leonardos da Vinci", disse Jones sobre seus colegas. "Inútil", disse a seu tio, "não se pode transformar um porco em um cavalo de corrida." "Talvez", concordou o tio, "mas pode-se transformá-lo em um porco bem rápido."

Jones riu, mas percebeu a verdade que havia nas palavras de seu tio. Tudo bem que ele nunca se tornasse um Leonardo da Vinci, o importante é que ele poderia ser um pintor muito bom. Foi o que aconteceu. Suas habilidades artísticas acabaram se mostrando maravilhosamente adequadas para o desenho animado. Trabalhou no Iwerks, um dos principais estúdios de desenho animado, depois foi para a Warner Brothers, onde, aos vinte e cinco anos, dirigiu sua primeira animação, *The Night Watchmen* (Os vigias noturnos). Nesse período, Jones e seus companheiros do "Terraço Cupim" (o bangalô dos desenhistas nos estúdios da Warner) criaram personagens fantásticos e divertidos, que fizeram história, como é o caso do Papa-Léguas, Wile Coiote, o gambá Pepe Le Pew e Marvin, o Marciano, entre outros.

Jones também passou pelos estúdios da Disney, uma experiência diferente, já que Walt Disney procurava criar personagens que imitassem a vida, enquanto ele e seus colegas recorriam à imaginação. Recentemente, seu filme *Que Ópera, Velhinho*, estrelado por Hortelino e Pernalonga, foi o primeiro desenho animado incluído no registro de “filmes mais relevantes de nossos tempos pelo aspecto cultural, histórico ou estético” da biblioteca do Congresso americano, uma honra conferida a apenas cem filmes até hoje.

Embora tenha conquistado muito sucesso, inclusive três Oscar, Jones tem uma visão modesta de seus talentos: “Uma vez um garotinho me disse: ‘Você não desenha o Pernalonga, você faz desenhos do Pernalonga.’ Essa é uma observação muito profunda, porque ele pensa que os personagens estão vivos, o que, no que me diz respeito, é a pura verdade.”

Chuck Jones teve sucesso porque, mesmo reconhecendo suas limitações, soube tirar o máximo das qualificações que possuía. E ele buscou ajuda, sim, quando foi se lamentar com o tio Lynn. Ao superar suas dúvidas, ele se tornou – como ele mesmo diz – “um porco bem rápido”.

Inspirar o respeito das outras pessoas

Franklin Delano Roosevelt foi um dos líderes mais confiantes da história dos Estados Unidos. Conhecido como o “guerreiro feliz”, ele investia prontamente contra qualquer tema com aquele ar de quem acreditava que podia resolver todos os problemas simplesmente com sua força de vontade, inteligência e charme. Mas, por trás dessa imagem pública, Roosevelt era um homem humilde e dono de uma percepção aguçada sobre a necessidade de dividir poder com outras pessoas.

Debilitado fisicamente por causa da poliomielite, ele desenvolveu uma visão crítica importante. Roosevelt aprendeu a compensar suas limitações físicas cercando-se do que chamava de “ouvidores pessoais”, ou seja, pessoas de sua inteira confiança que corriam o mundo coletando as informações de que ele precisava para tomar decisões. Para ele, essas pessoas eram quase uma extensão física de si mesmo: seus olhos, ouvidos e pernas.

Um dos principais ouvidores de Roosevelt era um amigo de infância, Livingston W. Houston, um cientista e filantropo. Durante o período anterior à Segunda Guerra Mundial, Livingston era subsecretário da Marinha. Um dia, ele estava almoçando com um comandante da Marinha que parecia estar profundamente angustiado. "O que aconteceu?", perguntou. O comandante, com ar de desânimo, expôs em linhas gerais sua preocupação quanto à capacidade de os navios de guerra americanos se protegerem em caso de ataque aéreo. As doutrinas da Marinha estavam ultrapassadas, disse ele.

Livingston Houston pediu mais detalhes e o comandante descreveu os vários postos a bordo de cada navio de batalha e as "doutrinas do comando de artilharia" que ditavam como esses postos responderiam a um ataque. Essas regras determinavam que cada posto deveria escolher seus próprios alvos. "Não vejo qualquer problema com essa estratégia", respondeu Houston. O oficial da Marinha explicou: "Essas doutrinas foram definidas há cem anos! Hoje, um único avião pode carregar munição suficiente para causar danos fatais a nossos navios, sendo que esses aviões podem alcançar velocidades superiores a 600 km/h em mergulho!"

Houston começou a entender o ponto de vista do comandante. Um avião em mergulho direto representa o menor alvo possível, um alvo difícil de acertar quando ele vem a toda em sua direção a 600 km/h. Obviamente, quanto mais postos de artilharia mirassem esse alvo, maiores seriam as chances de conseguir acertá-lo e salvar o navio.

Houston fez uma última pergunta: "Qual é sua proposta para resolver esse problema?" O oficial disse que a solução seria sincronizar todos os postos de artilharia sob um único comando. Dessa forma, o poder de fogo daria ao navio uma chance razoável de destruir qualquer avião que se deslocasse em sua direção em um ângulo quase vertical.

Livingston perguntou por que o comandante não tinha explicado esse problema aos almirantes. Ele respondeu que tinha tentado. "Eles disseram que isso contrariava as tradições e que, se eu não me calasse, seria demitido." O subsecretário levou o assunto diretamente ao chefe deles: o presidente. Será que o comandante concordaria em se encontrar com o presidente dos Estados Unidos para apresentar suas ponderações? Às 5h30min da manhã seguinte, ele apresentou os fatos a Franklin Roosevelt. A pressão constante iniciou uma espiral de atividades que levou a uma alteração permanente nas doutrinas táticas navais, o que certamente salvou a vida de inúmeros americanos de ataques camicases durante a Segunda Guerra Mundial.

Franklin Delano Roosevelt praticou a humildade estratégica enviando representantes para desempenhar tarefas que, como ele mesmo admitia, não podia realizar. Nesse, como em inúmeros outros exemplos durante sua longa estada na presidência, Roosevelt mostrou a todos que a humildade significa não a admissão de um defeito, mas, em vez disso, o reconhecimento de que o sucesso reside tanto em definir o que você não sabe fazer como em fazer o que você sabe.

Permitir um aprendizado contínuo

Nascido escravo em 1818, Frederick Douglass se tornou um dos mais brilhantes oradores na história dos Estados Unidos, além de autor de uma célebre autobiografia escrita antes dos trinta anos. Durante a infância, na fazenda Homes Hill, em Maryland, Douglass sofreu os horrores da escravidão. Apesar das dificuldades e de não ter o suficiente para comer, ele conseguiu aprender a ler e se tornou escritor, ajudando com o seu trabalho a erradicar a escravidão.

Douglass testemunhou todo tipo de injustiças. Uma noite, acordado por gritos, espiou através de uma fenda na parede da cozinha e viu sua tia Hester, despida até a cintura, sendo açoitada pelo patrão. Posteriormente, após a morte do fazendeiro Aaron Anthony, seus bens – incluindo Douglass e os outros escravos – ficaram para os herdeiros, que consideraram a avó de Douglass muito velha para trabalhar e enviaram-na para as florestas de Maryland para morrer.

O resto da família de Douglass foi dividido entre os herdeiros. Frederick, que estava prestes a completar sete anos na época, foi para Sophia Auld, filha de Aaron. Ele considerava sua nova patroa "uma mulher amável e de bom coração", tanto que, entusiasmada com a inteligência e o empenho no menino, começou a ensinar-lhe a ler. Quando Sophia contou ao marido sobre o progresso extraordinário da criança, Hugh Auld a proibiu de continuar a instruí-lo. Um escravo que soubesse ler e escrever, insistia Auld, cresceria descontente com sua posição social e se tornaria inadequado para o trabalho. Por isso, era contra a lei ensinar escravo a ler e escrever.

Frederick Douglass ouviu as palavras do novo patrão e compreendeu que, se ele se opunha tão veementemente a que um escravo aprendesse a ler, era porque a literatura devia conter conhecimentos realmente valiosos. Sophia interrompeu imediatamente a educação de Douglass, mas não conseguiu apagar a chama que havia acendido nele. Todas as vezes que deixava a propriedade dos Auld a serviço, o menino carregava consigo um livro e um pedaço de pão. As crianças brancas da redondeza, pobres e famintas, costumavam trocar avidamente seus parcos conhecimentos por pão. Quanto mais Douglass lia, mais ansiava pela liberdade.

Como havia a possibilidade de escapar falsificando um passe que lhe permitiria viajar desacompanhado, Douglass resolveu acrescentar a escrita à sua educação. Mais uma vez ele buscou a ajuda de outras pessoas. Em suas visitas ocasionais ao estaleiro a serviço, ele observava como os carpinteiros inscreviam nas vigas de madeira as letras que indicavam o lugar de cada uma delas na estrutura do barco. Douglass praticava copiando essas letras. Depois, sempre que encontrava um garoto que soubesse escrever, lançava um desafio: "Eu dizia que sabia escrever tão bem quanto ele." Douglass então escrevia as letras que sabia, no início apenas S, L, A e F. Quem ganhava o desafio escrevendo mais letras, em geral, era o outro garoto, mas Frederick Douglass ganhava muito mais: ele estava aprendendo a escrever, uma letra de cada vez.

O escravo tinha recebido surras terríveis enquanto trabalhava nos campos, mas uma surra que recebeu depois de ter se tornado aprendiz no estaleiro deu início a uma série de eventos que reforçaram sua decisão de escapar. Empregado como aprendiz de calafate, Douglass era freqüentemente ofendido por trabalhadores brancos, que odiavam a idéia de disputar trabalho com escravos ou negros livres. Um dia, um grupo de aprendizes brancos atacou Douglass, espancando-o cruelmente e quase arrancando um de seus olhos. Indignado, Hugh Auld tentou exigir compensação financeira, mas, como os tribunais não aceitavam a palavra de negros contra brancos, os trabalhadores negros que assistiram à surra não puderam testemunhar, e o crime ficou impune.

Após um longo período de recuperação, Douglass retornou ao estaleiro, mas finalmente resolveu escapar rumo ao norte. Uma vez lá, envolveu-se no movimento abolicionista. Seus discursos encantavam os ouvintes, tanto que os líderes sugeriram que ele tentasse parecer menos instruído, temendo que o público começasse a duvidar de sua origem humilde e do passado terrível que ele descrevia.

Em resposta, Douglass escreveu sua autobiografia *Narrative of the Life of Frederick Douglass, an American Slave* (A história de Frederick Douglass, um escravo americano), na qual forneceu nomes, locais e datas comprovando a veracidade de sua história. Esse livro, publicado em 1845, tornou-se um grande sucesso. Mas outras conquistas estavam por vir: ele fundou o jornal antiescravocrata *North Star* e tornou-se um conselheiro de confiança de Abraham Lincoln durante a Guerra Civil.

Em um mundo onde as coisas quase sempre davam errado para os negros, Frederick Douglass fez as coisas darem certo, não apenas para si mesmo, mas para milhões de pessoas que ouviram suas palavras e tiveram coragem de mudar suas vidas. A humildade estratégica fez com que a cada passo do caminho ele admitisse que precisava da ajuda de outras pessoas para chegar lá.

Dar o exemplo

Ao contrário de Frederick Douglass, Jane Addams teve uma infância abastada. Nascida em 1860 na cidade de Cedarville, em Illinois, Jane era filha de John Addams, um político e empresário bem-sucedido, amigo íntimo do presidente Abraham Lincoln. Jane sempre teve a saúde frágil, mas conseguiu se graduar em primeiro lugar no colégio e entrou para a faculdade de medicina. No primeiro ano da faculdade, porém, teve de abandonar os estudos por causa de fortes dores na coluna.

Frustrada e indecisa, Jane continuava querendo ajudar as pessoas; a questão era decidir como. Ela decidiu partir para a Europa com uma amiga, Ellen Starr, para conhecer o mundo e analisar suas opções. Na Inglaterra, as duas visitaram o Toynbee Hall, um dos primeiros centros comunitários criados com o objetivo de combater a pobreza urbana. A visita influenciou tanto as amigas que, após retornarem aos Estados Unidos, elas alugaram um prédio no bairro de imigrantes de Chicago com o objetivo de usá-lo como base para ajudar os pobres da cidade.

As duas jovens deram o nome de Hull House à sua organização filantrópica e iniciaram imediatamente uma campanha para melhorar as condições dos moradores. Jane e Ellen levantaram fundos e recrutaram jovens de famílias ricas para ajudar. Elas fundaram uma creche, tomavam conta dos doentes e estavam sempre dispostas a ouvir e dar a mão a quem precisava. Em seu segundo ano de existência, a Hull House já atendia duas mil pessoas todas as semanas.

A crescente reputação de Jane em iniciativas cívicas logo lhe trouxe o apoio da elite intelectual de Chicago. Hull House ganhou uma galeria de arte, uma cozinha pública, um centro esportivo, uma biblioteca itinerante e uma agência de empregos. Em 1905, Jane foi nomeada para o Conselho de Educação de Chicago e, em 1909, tornou-se a primeira presidente da associação americana de instituições de caridade. No ano seguinte, recebeu um título honorário da Universidade de Yale.

Defensora ferrenha dos direitos da mulher, Jane também apoiou o movimento pelo direito de voto e batalhou por mais oportunidades de trabalho para mulheres. Ela falou em favor da paz quando a Primeira Guerra Mundial ameaçava estourar, dando uma série de palestras, mais tarde reunidas no livro *Newer Ideals of Peace* (Novos ideais para a paz). Por esses feitos, Jane recebeu o Prêmio Nobel da Paz de 1931.

Jane Addams morreu em maio de 1935, mas seu legado de ativismo comunitário sobrevive. Ao colocar em prática a humildade estratégica, aceitando suas limitações físicas, redefinindo seus objetivos e indo à luta para atingi-los, ela fez as coisas darem certo.

A humildade estratégica e a Nova Lei de Murphy

Humildade, longe de significar fraqueza ou baixa auto-estima, pode demonstrar uma extraordinária autoconfiança. Reconhecer e aceitar as próprias limitações, admitindo o que não sabemos ou não conseguimos fazer, permite substituir o pessimismo pelo otimismo. As coisas só dão certo se pedirmos ajuda a quem sabe aquilo que não sabemos.

As histórias deste capítulo transmitem as lições de humildade estratégica que devemos aplicar às nossas próprias vidas.

Lição 1: Defina o que você não sabe ou não consegue fazer. Ben Cohen e Jerry Greenfield admitiram que não tinham o conhecimento e a qualificação necessários para continuar fazendo sua empresa crescer. Dessa forma, buscaram ajuda sem comprometer seus ideais.

Você já fingiu que sabia como fazer alguma coisa e depois ficou desconcertado quando não conseguiu executá-la? Quando descobre uma lacuna em seu conhecimento, você busca a ajuda de outras pessoas? Alguma vez se sentiu constrangido em pedir ajuda?

Dedique uma parte de seu dia a definir o que precisa aprender para alcançar seus objetivos e a listar as possíveis fontes de conhecimento que poderiam ajudá-lo a diminuir essa distância.

Lição 2: Tire o máximo proveito do que você sabe. Como o próprio Chuck Jones percebeu, ele não sabia desenhar divinamente, mas era mestre em criar personagens de desenho animado que saltavam da tela para o coração dos espectadores.

Ao avaliar seus conhecimentos e qualificações, você consegue ver que possui mais do que imagina possuir? Alguma vez se sentiu desestimulado ao observar que outra pessoa tinha conhecimentos ou qualificações superiores aos seus?

Paradoxalmente, a maioria de nós sabe menos do que pensa que sabe e mais do que imagina saber. Reflita sobre os dois lados dessa moeda enquanto segue rumo a seus objetivos.

Lição 3: Respeite as outras pessoas e elas o respeitarão também. Franklin Delano Roosevelt não deixou de ser respeitado quando confiou em seus "ouvidores pessoais"; pelo contrário, ganhou respeito.

Alguma vez você aceitou a opinião de um superior como verdade absoluta apenas por causa da posição dessa pessoa? Vendo pelo outro lado, você já rejeitou a opinião de um subordinado por causa de sua posição inferior? Pedir ajuda a pessoas abaixo ou acima de você diminui ou aumenta a sua auto-estima?

Respeito gera respeito. É comum que as pessoas a quem você pede ajuda passem a admirá-lo por admitir e tentar superar suas deficiências.

Lição 4: Encare a vida como um aprendizado sem fim. Frederick Douglass aprendeu a escrever uma letra de cada vez e conquistou adeptos para sua causa da mesma forma, um de cada vez.

Você encara cada dia como uma oportunidade de aprender uma coisa nova? Alguma vez se surpreendeu ao descobrir que alguém sabe mais do que você sobre um tema, mesmo se você for um especialista naquele assunto?

Considere-se um estudante que vai todos os dias à escola ansioso para adquirir novos conhecimentos e qualificações.

Lição 5: Nunca se esqueça de que outros contam com a sua ajuda. Embora Jane Addams tenha usado Toynbee Hall como exemplo, ela fez da Hull House um modelo de serviço comunitário ainda mais influente.

Você continua aberto a ensinar, treinar e aconselhar outras pessoas? Consegue se ver através dos olhos das outras pessoas? Essa imagem corresponde à idéia que elas têm de você?

Um bom professor nunca abandona o papel de estudante, e todo bom estudante aceita o papel de professor daqueles que precisam de ajuda. Aja sempre como estudante e professor ao mesmo tempo.

Depois de responder a essas perguntas, analise se você precisa modificar seus objetivos ou procurar formas de obter mais conhecimentos e qualificações que o ajudem a alcançá-los. Não importa a resposta – em ambos os casos, pratique a humildade estratégica e diminua a distância entre o que você sabe e o que não sabe, buscando a ajuda daqueles que podem preencher essa lacuna.

REGRA Nº 6
Gaste seu tempo com o que realmente vale a pena

"Tempo é a coisa mais valiosa que um homem pode gastar."

DIÓGENES

Quem não conhece o título dessa música de Bobby McFerrin? Quase todo mundo conhece essa expressão de atitude alto-astral. O que muitas pessoas não sabem é que *Don't Worry, Be Happy* (Não se preocupe, seja feliz) não representa nem um décimo das realizações e interesses desse músico incrivelmente talentoso.

Nascido em Nova York, em 1950, McFerrin começou a estudar música aos seis anos. Quando iniciou o curso secundário, já sabia tocar vários instrumentos, embora sua habilidade mais excepcional seja a de imitador de instrumentos. A facilidade com que ele reproduz sons de buzinas, tambores e até mesmo instrumentos de corda fez com que McFerrin aprimorasse suas vocalizações de forma que nem mesmo um músico experiente perceba a diferença entre uma melodia produzida com a sua voz e a mesma melodia tocada em um instrumento.

Durante algum tempo, McFerrin fez parte de uma banda chamada Astral Projections, em Nova Orleans. Já na Califórnia, ele encontrou Bill Cosby, que, impressionado com o talento e a originalidade do jovem músico, conseguiu que McFerrin participasse do Playboy Jazz Festival de 1980. Sua apresentação lhe abriu as portas para um contrato com a gravadora Elektra/Musician. Em 1982, Bobby McFerrin lançou seu primeiro álbum, mas sua popularidade atingiu o apogeu em 1988, com o lançamento de *Don't Worry, Be Happy*.

Devido à sua educação clássica e à paixão por orquestração, McFerrin se questionava se estava usando seu tempo da melhor forma. Ele se sentia cada vez mais tentado a voltar para os clássicos. Foi o que fez. Desistiu da música pop e decidiu tornar-se regente de orquestra. Embora soubesse que era um longo caminho, McFerrin começou a trabalhar com o famoso maestro Gustav Meier.

McFerrin encontrou alguma resistência, especialmente de pessoas que não acreditavam que um astro da música pop pudesse compreender as sutilezas da música clássica. Suas tranças de rastafári e seu modo de se vestir peculiar também não correspondiam à imagem esperada de um maestro, mas, mesmo assim, não demorou muito para que o novo regente convencesse o mundo da música clássica de que poderia desempenhar a tarefa... e maravilhosamente!

Sua estréia como maestro foi em 1990, com a Sinfônica de San Francisco. Em menos de quatro anos foi nomeado diretor de criação da Orquestra de Câmara St. Paul e lançou vários discos, assinando até uma partitura de ópera. O ponto alto da nova carreira foi sua indicação, em 1997, para Músico do Ano, um prêmio concedido a maestros e outras figuras proeminentes que tenham se destacado como defensores da música clássica.

Tempo. Todos nós o gastamos, mas será que sempre fazemos isso da melhor forma? Existe uma lei muito conhecida no mundo dos negócios, criada pelo economista Wilfredo Pareto, que afirma que, em média, apenas 20% de nossas tarefas diárias são realmente necessárias e proveitosas. Os 80% restantes são desperdiçados quase totalmente em trivialidades e tarefas desnecessárias. Intencionalmente ou não, Bobby inverteu esse paradigma: ele gastou a maior parte de seu tempo em busca do que realmente achava que valia a pena.

Embora nem todos nós alcancemos o estrelato, podemos aprender a usar o nosso tempo com mais eficiência, seguindo o exemplo de McFerrin e as quatro estratégias a seguir:

- Olhe antes de saltar
- Aproveite ao máximo cada minuto
- Faça o que seu coração mandar
- Pratique, pratique muito

Você já perdeu tempo por não ter planejado um projeto ou uma atividade com o cuidado necessário? Quando o tempo para realizar uma tarefa é curto, você concentra suas energias e dinamiza suas atividades a fim de cumprir o prazo?

Alguma vez você dedicou tempo demais a uma tarefa que depois percebeu não ser tão importante? Nesse caso, você conseguiu se concentrar no que era realmente importante?

Quando um trabalho exige muito tempo, perseverança e prática, você consegue concluí-lo com determinação e firmeza?

As histórias que encontraremos a seguir mostram como enfrentar o desafio de distribuir bem o tempo e superar as práticas ineficazes descritas pela Lei de Pareto. Aprenda a gastar seu tempo com o que realmente vale a pena.

Olhe antes de saltar

É no início de um projeto – aquele curto período de tempo durante o qual você reflete sobre uma atividade antes de se jogar nela de cabeça – que se deve investir o tempo com mais prudência. Fazer isso às vezes requer um boa dose de disciplina, um autocontrole difícil de manter antes do início de uma batalha. Afinal, a pressa é inimiga da perfeição – uma verdade que todos nós conhecemos, mas da qual costumamos esquecer. Na ansiedade por desempenhar bem uma tarefa, é fácil desperdiçar essa valiosa reflexão anterior à batalha.

Michael Silva não desperdiçou. Sua história mostra o valor de ser uma pessoa disciplinada. Silva tinha vinte e nove anos quando assumiu o comando da Bennett Enterprises, em Salt Lake City. Cheia de problemas, em três anos a companhia tinha dado a volta por cima, convertendo anos de perdas em lucros consistentes. Tal proeza, segundo Silva, fora alcançada exatamente porque ele tinha "olhado antes de saltar" e parado para refletir sobre qual a melhor forma de utilizar o seu tempo.

"Todos esperavam que eu me comportasse como um garoto ansioso", relembra Silva. "Tratava-se de uma empresa de cem anos, basicamente uma fábrica de vidros e tintas defasada tecnologicamente. E aqui estava eu, com trinta anos incompletos e a reputação de atirar primeiro e perguntar depois."

Silva foi criado no Havaí. Precoce e incrivelmente inteligente, aos quatorze anos já era calouro na Universidade de Loyola. Mais tarde, estudou administração na Universidade de Brigham, em Salt Lake City, e voltou para o Havaí, onde aprendeu finanças com um banqueiro japonês. Por fim, trabalhou na consultoria Arthur Young como gestor de crises e estratégias bancárias.

Sua mente brilhante e seu carisma logo fizeram com que fosse transferido para trabalhar diretamente com empresas em crise. Nessa posição, ele ajudou várias organizações a saldar suas dívidas junto aos credores. Uma dessas empresas foi a Bennett Enterprise. Quando os bancos disseram ao conselho diretor da Bennett que um novo diretor-executivo deveria ser contratado para tentar reverter a situação, Silva viu um desfile de candidatos pleiteando o cargo. “Todos eles eram mais velhos, com salários altos demais e muito pessimistas”, diz ele. “Eu estava me coçando para aplicar o que tinha aprendido sobre gerenciamento em uma situação real de pressão, por isso propus fazê-lo por metade do dinheiro e na metade do tempo, desde que tivesse autonomia completa.”

Logo depois que o jovem e atrevido consultor foi alçado ao cargo, a imprensa especializada e a comunidade financeira prenderam a respiração. Do “Garoto Maravilha”, como um repórter apelidou Silva, todos esperavam técnicas radicais na reestruturação da empresa. Michael Silva, entretanto, resistiu à tentação e tomou apenas uma decisão imediata: tirar seis semanas de férias no Havaí. Acreditando em sua capacidade de apresentar uma estratégia criativa para revolucionar a companhia confiando no que seu mentor japonês lhe ensinou sobre o valor da meditação, ele passou seis semanas sentado na areia da praia, refletindo sobre a situação.

Durante esse tempo, a imprensa de Salt Lake City esqueceu a história e a comunidade financeira seguiu com os negócios como de costume. Eles ficaram pasmos quando Silva retornou, convocou uma entrevista coletiva e anunciou a primeira etapa na revitalização da Bennett. A companhia diversificaria seus interesses, e, como primeira providência, compraria um banco. “Adotei uma abordagem não-convencional. A restruturação tradicional envolveria mudar estratégias, cortar despesas, formar trincheiras e direcionar as energias para dentro da empresa.”

O plano de Silva foi colocado em ação em janeiro de 1982 e, até o final daquele ano, a Bennett tinha obtido um lucro de um milhão e cem mil dólares, em comparação com o prejuízo de três milhões de dólares no ano anterior. Embora realmente tenha alterado o foco da empresa e cortado despesas, ele expandiu o negócio em vez de encolhê-lo. E mudou algo em que poucos executivos teriam mexido: na cultura e no objetivo da corporação. O antigo fabricante convencional tinha se transformado numa empresa inovadora, buscando novos raios de ação, desde desenho arquitetônico até a área de saúde e serviços de computação.

Todos nós participamos de batalhas diárias, e nossa tendência é atirar-nos à luta imediatamente, porque queremos terminar a tarefa, ganhar a batalha ou colher os louros da vitória. Essa é a hora de parar e refletir sobre o trabalho à frente. Planejar sem pressa, como fez Silva, pode ser a melhor forma de gastar seu tempo no futuro. E fazer as coisas darem certo.

Aproveite ao máximo cada minuto

O nome Thomas Edison traz à memória a invenção da lâmpada elétrica incandescente, do fonógrafo ou da primeira máquina fotográfica portátil. No total, porém, Thomas Edison registrou aproximadamente 1.300 patentes, um número prodigioso para qualquer pessoa. Como Edison conseguiu realizar tanto em tão pouco tempo de vida? A resposta é simples: ele era um gênio em gerenciamento de tempo.

Thomas Alva Edison não precisou perder tempo tentando descobrir quais eram seus interesses: ele amava a ciência e o processo de experimentação visando obter novos conhecimentos. É claro que, no início, nem sempre seus experimentos produziram bons resultados. Aos seis anos, por exemplo, o jovem Edison ficou fascinado com o fogo e decidiu testar seu poder colocando fogo no celeiro de seu pai "apenas para ver o que aconteceria". Obviamente, o celeiro foi totalmente consumido pelas chamas e ele levou uma surra em público.

Sem se abalar com esse fracasso constrangedor, Edison continuou com seus experimentos: sentava numa ninhada de ovos de ganso para ver se eles iriam sair da casca, misturava produtos químicos no porão e dava enormes quantidades de pó carbonatado para um amigo comer porque queria saber se o gás criado pelo pó no estômago do garoto iria fazê-lo voar.

A maioria das pessoas na pequena cidade natal de Edison o considerava meio maluquinho. Até seu pai achava que havia alguma coisa errada com o filho. A mãe de Edison era a única que o encorajava a prosseguir com os experimentos, tanto que lhe deu de presente quando ele completou nove anos um exemplar de *School of Natural Philosophy* (Ensinamentos de filosofia natural), de Parker, um livro que poderia lhe fornecer uma base lógica para seus experimentos.

Com o passar dos anos, Edison percebeu que precisaria de dinheiro para financiar seus experimentos. Por isso, aos doze anos, aceitou um emprego de jornaleiro a bordo do trem que ligava Port Huron e Detroit. Sempre que terminava seu turno, Edison se esgueirava até o laboratório químico que tinha instalado em um vagão de bagagens pouco utilizado. Pena que um dos produtos químicos de seu laboratório móvel entornou e colocou fogo no vagão. Edison foi imediatamente despedido.

Seu emprego seguinte foi como telegrafista. Como não sabia o código Morse, passou dezoito horas por dia praticando como enviar e receber mensagens telegráficas. Em poucas semanas, ele abriu seu próprio negócio em Port Huron, mas a empresa durou pouco. Edison acabou contratado pela agência da Western Union em Boston, mais uma vez para enviar mensagens telegráficas. Nas horas vagas, ele dedicou-se a um projeto que todos os especialistas em telegrafia consideravam impossível: desenvolver um cabo telegráfico que pudesse enviar e receber mensagens ao mesmo tempo. Em maio de 1868, o "impossível" se tornou realidade. As reportagens dos jornais da época o proclamaram um "fazedor de milagres".

Frustrado por ter de dividir seu tempo entre o que precisava fazer para se sustentar e o que tinha vontade de fazer, Edison decidiu tornar-se inventor em tempo integral. Ele sabia que um dia encontraria os investidores de que precisava. "Vocês vão ver, eles ainda virão até a mim", prometia ele.

Prevendo boas possibilidades de retorno financeiro, o general Marshal Lefferts, um homem de negócios para quem Edison tinha trabalhado, o chamou ao seu escritório: "Quanto você quer por todas essas geringonças?" Thomas Edison pensou em pedir cinco mil dólares, mas teve receio de que ele achasse a quantia exorbitante. Afinal de contas, ele não tinha vendido nada desde o cabo bidirecional. Por isso, contra-atacou com uma resposta cautelosa: "Faça a sua oferta, general." Quando Lefferts propôs quatro mil dólares, o inventor aceitou sem pensar duas vezes. Qual não foi a sua surpresa quando recebeu um cheque de 40 mil dólares! Ele tinha ouvido mal a oferta do general!

Edison abriu imediatamente uma oficina na cidade de Newark, em Nova Jersey, onde ele e dezoito operários trabalhavam em tempo integral em suas invenções. Sua oficina produziu vários aparelhos para aprimorar a indústria telegráfica, além de registradores automáticos de cotações na bolsa de valores para as empresas de Wall Street e outros equipamentos elétricos para a Western Union. Em 1874, Edison transferiu-se para a famosa "fábrica de invenções" de Menlo Park, em Nova Jersey, levando consigo sua equipe de operários e também contratando vários cientistas recém-formados em universidades.

A primeira grande invenção a brotar do laboratório de Menlo Park foi um transmissor telefônico, seguido por um fonógrafo ainda incipiente e pela luz elétrica, uma invenção que testou a perseverança e a paciência de Edison mais do que qualquer outra. Vários inventores tinham conseguido criar um lampejo de luz, mas nenhum tinha descoberto qual o material apropriado para compor um filamento que não se extinguisse rapidamente. Ciente de que precisava de um material que pudesse suportar uma tremenda quantidade de calor por um período de tempo prolongado, Edison fez mil e uma experiências.

Numa delas, pediu a um dos engenheiros para descobrir o volume de um bulbo de vidro irregular. Uma semana depois, quando cobrou uma resposta, recebeu uma série de gráficos e números e nenhum resultado. "De quanto tempo você precisa para resolver o problema?", perguntou Edison. Quando o engenheiro pediu outra semana para concluir seus cálculos, Edison respondeu: "Eu lhe mostro como fazer isso em um minuto." Ele encheu o bulbo de vidro com água e declarou: "*Esta* é a sua resposta."

Durante toda a sua vida Edison demonstrou saber o quanto vale o tempo bem gasto e o quanto é irrecuperável o tempo perdido. Quaisquer que sejam as tarefas que tenhamos de desempenhar em nossa vida privada ou profissional, devemos adotar essa máxima: aproveitar ao máximo cada minuto.

Faça o que seu coração mandar

Com freqüência, uma vez tendo escolhido um determinado caminho na vida, hesitamos em mudar a direção. Mesmo quando nos desiludimos com a escolha, receamos olhar para trás e lamentar o tempo perdido. Porém, quanto mais teremos de nos lamentar por *não* ter mudado de direção enquanto ainda era possível? Edward Albee enfrentou exatamente esse dilema.

Nascido em 1928 na Virgínia, Albee foi adotado com apenas duas semanas de idade por Reed e Frances Albee, uma famosa família de teatro sediada em Nova York. Desde pequeno, ele adorava freqüentar o meio teatral. Seu desempenho na escola, porém, era medíocre, e Albee foi expulso mais de uma vez. Só os professores da Choate School, de Wallingford, em Connecticut, descobriram seu potencial para a literatura e para o teatro. Com o incentivo deles, o rapaz chegou a entrar para a faculdade de letras, mas logo abandonou o curso.

Já adulto e morando em Greenwich Village, em Nova York, ele se sustentava com uma série de empregos mal-remunerados – vendedor de livros, assistente de escritório, mensageiro e vendedor de discos, entre outros. Ironicamente, dizia gostar de fazer esses serviços avulsos, pois "não havia a mínima possibilidade de que isso se tornasse uma carreira". Mas, no fundo, ele continuava interessado na produção cultural e se sentia particularmente atraído pelas peças de vanguarda de Eugene Ionesco e Samuel Beckett, que desenvolviam uma forma de drama inteiramente nova: o Teatro do Absurdo.

Esse tipo de teatro, que explorava o ridículo da sociedade, cativou especialmente Albee, que tinha continuado a escrever em segredo. Quando completou trinta anos, ele largou o emprego que tinha na época, instalou-se na mesa da cozinha com caneta e papel na mão e começou a escrever uma peça. Em menos de três semanas, ele terminou *A História do Zoológico*, uma peça de apenas um ato sobre dois estranhos que se encontram no Central Park. A peça chamou a atenção de produtores alemães, que a encenaram pela primeira vez na Berlim Ocidental, em 1959.

Albee escreveu mais de vinte e cinco peças durante as três décadas que se seguiram, a maioria delas sobre o absurdo das preocupações superficiais da vida moderna. Suas peças se concentram na questão do tempo e nas situações patéticas. "Todas as minhas peças giram em torno de pessoas que deixam escapar as oportunidades, param de trabalhar ainda jovens e chegam ao final da vida lamentando o que não fizeram." Muitas pessoas, segundo ele, "dormem" durante a vida, nunca aproveitando o tempo para fazer o que realmente tem importância para elas. Três das peças do dramaturgo receberam o Prêmio Pulitzer de Teatro: *Um Equilíbrio Delicado* em 1966, *Seascape* em 1974 e *As Três Mulheres Altas* em 1994. Sua peça mais conhecida – *Quem Tem Medo de Virginia Woolf?* – tornou-se um filme clássico, estrelado por Elizabeth Taylor e Richard Burton.

Edward Albee poderia ter continuado a desperdiçar seu tempo, sem nunca apostar nas coisas que sempre sonhou fazer. Mas ele teve coragem para reformular o modo como gastava seu tempo. E, uma vez estabelecidas essas prioridades, conseguiu gastar seu tempo com o que realmente valia a pena.

Pratique, pratique muito

Qualquer um que já tenha tentado lançar com um taco uma pequenina bola branca para dentro de um buraco de pouco mais de dez centímetros de diâmetro em um campo de 110 metros sabe o significado da palavra frustração. Todos os dias milhões de pessoas jogam golfe, mas apenas uns poucos conseguem colocar a bola no buraco. Ben Hogan fez parte desse grupo seleto.

A maioria dos amantes de golfe conhece o mito Ben Hogan, mas poucos conhecem a história por trás do mito. Hogan parecia ser mais um na enorme multidão dos golfistas. Ele conseguia lançar a bola a quilômetros de distância, mas lançá-la em linha reta era um problemão. Sua bola saía bem, mas sempre fazia uma curva brusca para a esquerda, o que os jogadores de golfe chamam de "gancho".

Hogan tentou de tudo para corrigir esse gancho, lançando centenas de bolas dia após dia. De manhã cedo, ele já estava no campo tentando dominar aquele maldito "gancho" e, muito tempo depois de os outros golfistas terem encerrado os treinamentos do dia, continuava no campo, praticando aquele tipo de tacada. Mesmo assim, as suas bolas continuavam tendendo bruscamente para a esquerda.

Então, no outono de 1946, quando Hogan estava à noite, na cama, revendo mentalmente seu *swing* (modo de manejar o taco de golfe), ele descobriu a resposta para o problema. Hogan não dormiu naquela noite; em vez disso, ele praticou mentalmente o leve ajuste que, se tivesse o efeito que esperava, acabaria de vez com aquele "gancho" persistente. Ao amanhecer, correu para o campo, colocou a bola no montículo de areia, imaginou os ajustes ao seu *swing* e lançou a bola com toda a força. Enquanto acompanhava sua trajetória, Hogan viu que ela voava em linha reta, sem pender para a esquerda. Na realidade, até com um leve desvio para a direita.

Ele pôs-se a aperfeiçoar a nova trajetória, permanecendo no campo oito horas naquele dia. "Foi como se eu estivesse aprendendo a jogar golfe novamente", contou Hogan. E ele aprendeu muito bem. "Quanto mais forte eu lançava a bola, melhor era a trajetória que ela percorria." No final daquela semana, Hogan viajou para participar de um torneio de golfe em Chicago, onde testaria sua nova descoberta pela primeira vez sob as pressões típicas de uma competição. Acabou ganhando o torneio.

Dali para a frente, Hogan ganhou tantos torneios que um mistério começou a agitar o mundo do golfe, todos querendo saber qual era o "segredo" que ele tinha descoberto e que lhe tinha permitido aperfeiçoar o *swing*. Ele sempre afirmou que seu segredo consistia simplesmente em praticar duas vezes mais do que qualquer um.

Em 1949, no auge do sucesso, Hogan e a esposa sofreram um terrível desastre de automóvel. Ao proteger sua mulher com seu corpo, ele sofreu graves ferimentos em uma das pernas. Os médicos deram poucas esperanças de que um dia ele voltasse a andar, quanto mais jogar golfe. No entanto, "nunca" era uma palavra que Hogan não aceitava.

Embora tenha levado algum tempo, ele voltou aos campos de

golfe. Lutou tanto e durante tanto tempo para atingir seu objetivo, que não ia ser uma deficiência física que o deteria agora. Dessa vez, Hogan realmente teve de reaprender a jogar golfe. Aquela posição para bater a bola que ele tinha praticado por tantas e tantas horas não lhe servia mais, por causa da seqüela do ferimento no joelho.

Durante meses, Hogan podia ser visto caminhando com dificuldade no campo de golfe, hora após hora. Ele mancaria pelo resto da vida. Mesmo assim, surpreendeu o mundo do golfe ao retomar rapidamente seu primeiro lugar no ranking. Com um total de sessenta e três vitórias, a carreira bem-sucedida de Ben Hogan continua sendo um feito até hoje.

O tempo e a Nova Lei de Murphy

Quem já não teve a sensação de que o tempo passa mais rápido do que conseguimos aproveitá-lo? O truque é controlar o tempo, em vez de deixar que ele nos controle. Para isso, é preciso gastar o tempo com o que realmente vale a pena. Veja como fazer isso:

Lição 1: Fique de olho no prêmio. Bobby McFerrin definiu um novo objetivo e concentrou seus esforços nessa direção.

Você já deixou que contratempos, distrações ou algum tipo de resistência o impedissem de alcançar seu objetivo? Você tenta minimizar as distrações e interrupções?

Se você mantiver o foco na sua meta, como fez McFerrin, verá claramente quais são as atividades que realmente vão ajudá-lo a chegar lá.

Lição 2: Planeje seu trabalho, trabalhe seu plano. Quando todos esperavam que ele agisse impetuosamente, Michael Silva tirou férias e refletiu sobre o que fazer quando voltasse para a empresa.

Você planeja o que vai fazer antes de começar um projeto ou uma tarefa, ou tende a entrar de cabeça no trabalho? Você já lamentou não ter preparado um plano melhor antes de colocá-lo em ação?

Se você fica ansioso para começar a agir, discipline-se a parar e olhar antes de saltar.

Lição 3: O problema não é o tempo que você gasta, mas como você gasta o seu tempo. Thomas Edison valorizou os dois lados da moeda: ele concentrou sua atenção no que realmente tinha importância e afastou-se do que não era importante.

Você sempre define e reavalia prioridades, separando as atividades que realmente valem a pena daquelas que não têm a menor importância? Você já permitiu que as circunstâncias o levassem a alterar suas prioridades? Nesse caso, a mudança foi produtiva ou não?

Com um objetivo em mente e um plano sólido nas mãos, você deve sempre se perguntar se suas prioridades estão bem definidas.

Lição 4: Faça o que gosta e o sucesso virá como conseqüência. Edward Albee obedeceu a seu coração quando ele lhe disse que voltasse para seu primeiro amor: o teatro.

Você já deu as costas a um sonho? Você pode dizer honestamente que nunca sentiu remorso por não ter ido atrás de um sonho, mesmo que ele lhe parecesse impossível de realizar?

Não permita que a lógica leve a melhor sobre seus sentimentos: é sempre mais gratificante ir em busca de algo que se ama do que nunca conhecer o amor.

Lição 5: Não pare de lançar a bola até conseguir lançá-la em linha reta. Ben Hogan praticou mais do que qualquer outro e conseguiu chegar lá.

Você é do tipo que acredita na teoria do menor esforço? Alguma vez você já desistiu de algo porque achou que demandava muito tempo ou esforço?

A prática pode não levar à perfeição, mas faz as coisas darem certo.

No ritmo acelerado em que vivemos, a falta de tempo é um problema crônico. Há tanto a fazer e tão pouco tempo para fazer, que o tempo pode se tornar um inimigo. A melhor saída é transformar o tempo num aliado – especialmente se você souber aplicá-lo com sabedoria e gastá-lo com o que realmente vale a pena.

REGRA Nº 7
Jogue a raiva fora

"A raiva não é apenas um sentimento ou uma resposta palpável. É uma orientação para o mundo."

JONATHAN LEAR

Várias pesquisas médicas comprovaram que a raiva pode literalmente nos matar. A razão é simples: junto com a raiva vem a dose maciça de adrenalina, a pressão sangüínea dispara e o pensamento racional pára de funcionar. Assim como a raiva pode precipitar um ataque cardíaco ou um derrame cerebral, ela também pode paralisar nossa capacidade de enfrentar e superar os acontecimentos que deram origem à raiva. Verdade seja dita: a raiva pode acabar com as nossas chances de fazer as coisas darem certo. É preciso aprender a "jogá-la fora".

Gloria Estefan aprendeu a lição desde cedo. Em 1959, quando tinha apenas dois anos de idade, ela e a família fugiram de Havana depois que Fidel Castro despôs do cargo o ditador Fulgencio Batista. Viajando com pouco mais do que as roupas no corpo, Gloria foi morar em Miami. Em 1961, seu pai participou da desastrosa invasão à Baía dos Porcos, foi capturado e ficou preso em Havana até 1963. De volta aos Estados Unidos, ele se alistou no Exército americano e foi para o Vietnã. Quando voltou ferido e doente, Gloria, então com onze anos, ajudou a cuidar dele até sua hospitalização em 1976.

Nessa fase, Gloria já tinha conhecido seu futuro marido, Emilio Estefan, que tinha uma banda, a Miami Latin Boys. Mais tarde, eles formaram a Miami Sound Machine, que combinava ritmos afro-cubanos com música pop. Como Emilio relembra, "Gloria estava muito triste por causa do pai. Só ficava feliz quando cantava. Seus olhos ganhavam vida". O pai de Gloria faleceu em 1980, mesmo ano em que nasceu Nayib, o primeiro filho de Gloria com Emilio, e a Miami Sound Machine assinou seu primeiro contrato.

O disco emplacou um hit atrás do outro no topo das paradas, o que transformou Gloria numa das primeiras artistas latinas a fazer sucesso nos Estados Unidos. Mas o caminho à frente era traiçoeiro. Um trailer bateu na traseira do ônibus que a banda usava para deslocar-se pelo país, em uma estrada coberta de neve na Pensilvânia, em março de 1990. Emilio ficou seriamente ferido, Nayib, então com nove anos, quebrou uma clavícula, e Gloria ficou temporariamente paralisada. Depois de ser operada para a colocação de um par de hastes de titânio na espinha dorsal, Gloria foi submetida a uma longa e dolorosa reabilitação física.

Em 1994, Gloria engravidou de Emily. No ano seguinte, outra desgraça ameaçou a tranqüilidade dos Estefan. Eles tinham saído para passear de barco, e viram horrorizados quando Maynard Howard Clarke, um estudante de Direito de vinte e nove anos, colidiu acidentalmente seu jet-ski contra a lancha deles de 33 pés. Atingido pelas hélices, Clarke morreu antes de chegar ao hospital.

Apesar de tantas dificuldades encontradas no caminho para o sucesso, Gloria Estefan e seu marido progrediram porque nunca permitiram que a tristeza tomasse conta de suas vidas. Embora ninguém pudesse culpá-los se reclamassem das adversidades sofridas, os dois optaram por nunca deixar que um contratempo despertasse sua raiva.

Ao nos confrontarmos com situações-limite ou com pessoas que ferem os nossos sentimentos ou nos ameaçam de alguma forma, temos duas opções: deixar que a raiva nos domine e nos prejudique ou jogar a raiva fora, mantendo o controle sobre o curso de nossas vidas. Gloria Estefan aprendeu a canalizar a raiva de uma forma positiva e criativa.

Veja abaixo quatro fontes potenciais de raiva:

- Nascido para o fracasso
- De repente, um raio caiu
- Você estragou tudo
- Até tu, Brutus?

O.k., essas quatro situações não englobam absolutamente todas as formas pelas quais poderíamos nos sentir tentados a perder a cabeça. Na verdade, elas são apenas exemplos do que a maioria de nós passou uma vez ou outra na vida. O importante é descobrir como repetir o exemplo daqueles que optaram pela criatividade, não pelo ressentimento – pela autoconfiança, não pela autopiedade.

São essas histórias que interessam, porque o que cada um de nós precisa descobrir é como jogar a raiva fora e, dessa forma, fazer as coisas darem certo sempre que elas estiverem dando errado.

Alguma vez você já sentiu que "nasceu para o fracasso"? Acha que a vida foi injusta com você em relação a fatores como nascimento, raça, cor, religião, pobreza ou alguma desvantagem mental ou física?

Como você reage quando "um raio cai no meio de sua vida", isto é, quando um desafio inesperado se intromete no caminho de suas ambições e desejos?

Você se culpa quando comete um erro de boa-fé, enfim, quando "estraga tudo", e fica se punindo por isso?

Alguma vez a traição de outras pessoas fez com que você repetisse as palavras de César para seu assassino: "Até tu, Brutus?"

Nascido para o fracasso

A vida não é justa. Quantas vezes já nos dissemos essas palavras lamentando o nosso “azar”? Talvez os nossos pais não tenham tido condições de nos colocar no melhor colégio ou quem sabe uma desvantagem física ou mental nos impediu de fazer o que as outras pessoas fazem naturalmente. Nessas situações, podemos deixar que a raiva assuma o controle de nossas vidas – ou podemos assumir o controle de nossa raiva.

A maioria de nós sabe que explodir em um ataque de nervos ou ficar de mau humor não leva a lugar algum. Tudo bem, revoltar-se de vez em quando contra a injustiça do mundo dá um certo alívio, mas a Nova Lei de Murphy é implacável: segundo ela, a auto-indulgência não melhora em nada as nossas vidas. Sentir pena de nós mesmos não nos ajuda em nada a superar as “desvantagens” que a vida impõe. Você até pode reconhecer que a vida foi injusta com você, mas, e daí? Você vai permitir que isso o impeça de progredir? Escolha um caminho diferente, como fez Don Barden, um empresário de Michigan. Nono de treze filhos de uma família negra e pobre da zona rural, Don Barden poderia facilmente ter se ressentido com as dificuldades enfrentadas quando criança. Em vez disso, ele encarou a sua origem humilde como uma oportunidade de aprender. “Meus pais incutiram em mim a vontade de vencer e a ética profissional necessárias para fazer isso acontecer”, reflete Barden.

Em um de seus primeiros empregos, como mecânico, Barden percebeu que o dono da loja ficava no balcão com uma camisa branquinha, “enquanto caras como eu ficavam lá nos fundos fazendo o trabalho pesado”. Em vez de se deixar levar por sentimentos negativos, ele se sentiu “motivado a ter sucesso com meu próprio negócio”. Juntou dinheiro suficiente para se matricular no colégio, conseguindo estudar por apenas um ano, o suficiente para levá-lo a experimentar várias profissões. Foi cozinheiro em um restaurante, passou por uma empresa de mudanças, por uma de encanamentos e ainda por um estaleiro antes de realizar seu sonho: ter o próprio negócio.

Quando Barden conseguiu abrir a Donnie's Record Shop, continuou diversificando seus negócios, fundando um jornal semanal e uma firma de propaganda e relações públicas. Mais tarde, ele entrou no mercado de imóveis e na indústria de entretenimentos e comunicações. O jovem que invejava a camisa branca e limpa do patrão na loja de autopeças e que parou de estudar porque o dinheiro acabou é hoje um dos mais ricos empresários negros dos Estados Unidos. "Minha missão é provar que, neste país, um garoto negro e pobre, de família grande e origem humilde, pode chegar ao topo na iniciativa privada."

Recusando-se a se revoltar contra o osso duro de roer que a vida lhe deu, ele rejeitou a raiva e investiu suas energias de forma positiva. Agindo assim, Don Barden fez as coisas darem certo. Seu lema? Nascido para o sucesso!

Um raio que cai

Os talentos ou desvantagens que nos são atribuídos ao nascermos perdem toda a importância quando nos damos conta de que um raio – na forma de um acidente, uma doença, uma catástrofe natural ou a maldade deliberada de um inimigo – pode cair a qualquer instante, mostrando que não temos controle algum sobre a nossa vida. Quando isso acontece, o sentimento de impotência pode facilmente se transformar em raiva.

Um raio desse tipo atingiu James Brady em 30 de março de 1981, quando foi atingido na cabeça por uma bala. Sarah, sua esposa, sentiu muita raiva, é claro, mas logo a canalizou para uma causa social maior. Motivada inicialmente pelo desgosto com a complacência das leis existentes nos Estados Unidos, Sarah liderou o movimento em favor de leis mais rígidas para o controle de armas. Conseguiu. A Lei Brady, que determina um período de cinco dias de espera antes da compra definitiva de uma arma para que a polícia possa verificar os antecedentes do potencial comprador, foi sancionada e recebeu o nome de James S. Brady, o primeiro secretário de imprensa da Casa Branca.

Sarah conheceu seu futuro marido, James, quando ele veio tentar arrecadar fundos para sua campanha eleitoral em Illinois. Logo após o primeiro encontro, os dois se apaixonaram e vieram a se casar em 1973. Durante a eleição de 1980, James foi o diretor de assuntos públicos da campanha presidencial de Ronald Reagan, o que levou Reagan a nomeá-lo para o posto de secretário de imprensa da Casa Branca. Tudo parecia estar indo às mil maravilhas na vida dos Brady, cujo primeiro filho tinha nascido no ano anterior.

Em 30 de março de 1981, James Brady e outros membros da equipe da Casa Branca acompanharam o presidente Reagan ao Hotel Hilton. Quando o grupo saía do hotel, vários tiros foram disparados a poucos metros de distância. Era John W. Hinckley Jr., tentando impressionar a atriz Jodie Foster, pela qual ele estava obcecado desde que a viu no filme *Taxi Driver*. Quatro pessoas, incluindo Reagan, foram atingidas na tentativa de assassinato, mas foi James Brady quem ficou gravemente ferido. A bala perfurou sua testa logo acima do olho esquerdo, destruindo 20% do cérebro e deixando sua perna e seu braço esquerdos paralisados para sempre. Ele teve ainda perda de memória e sérios danos à fala.

Sarah Brady teria ficado em casa e nunca mais retornado à vida pública se não houvesse ocorrido um incidente com seu filho, Scott. Durante uma viagem familiar, ele subiu na cabine da picape de um amigo e pegou o que parecia ser uma arma de brinquedo que estava no assento do carona. Quando Sarah viu seu filho brincando de apontar a arma para ela, percebeu que o que estava em suas mãos não era um brinquedo, mas sim uma pistola calibre 22. Ironicamente, o mesmo tipo de revólver barato que John Hinckley usara para atirar em seu marido. Sarah manteve a calma, retirando gentilmente a arma das mãos do filho, mas o incidente a abalou profundamente.

Sarah transformou aquela raiva pessoal em um protesto público quando, ao retornar a Washington, ela soube que o Congresso estava pretendendo revisar a Lei de Controle de Armas de 1968, tornando-a menos rígida. Era difícil acreditar, mas queriam eliminar restrições como a proibição de venda de armas pelo correio e a exigência de que os vendedores de armas registrassem o nome dos compradores. Determinada a lutar por maiores restrições no acesso a armas de fogo, ela telefonou para uma associação que defendia o controle de armas e perguntou o que poderia fazer para ajudar.

Ela começou escrevendo cartas para membros do Congresso. Em seguida, fez lobby pessoalmente. Como explicou em uma entrevista, "John Hinckley entrou em uma casa de penhores de Dallas e em poucos minutos comprou uma arma de fogo. Ele cometeu um delito grave ao usar endereço falso, mas isso passou despercebido porque o estado do Texas não exigia que essas declarações fossem verificadas".

Embora Sarah Brady tenha transmitido sua mensagem de forma eficaz, ela se deparou com um adversário muito forte: a Associação Nacional de Rifles, cuja oposição ajudou a derrotar a Lei Brady em setembro de 1988. É claro que isso irritou Sarah, mas também fortaleceu sua vontade de lutar. Em 1990, a Lei Brady foi aprovada pelo Comitê Judiciário da Câmara dos Deputados. Finalmente, em 10 de novembro de 1993, a Câmara aprovou uma versão com emendas e a Lei Brady entrou em vigor em 28 de fevereiro de 1994. No primeiro mês de sua implementação, 23.610 pessoas foram impedidas de adquirir armas, segundo uma pesquisa da Agência Nacional de Álcool, Tabaco e Armas de Fogo. Um ano após a entrada da lei em vigor, as estatísticas do FBI mostraram uma queda de mais de 3,5% no número de assassinatos com armas de fogo em todo o país.

O raio *vai* cair. Nós podemos deixar que ele nos destrua ou podemos assumir o controle da situação – como fez Sarah Brady – para fazer com que até mesmo as piores coisas dêem certo.

Você estragou tudo

Faz parte da natureza humana ficar com raiva de si mesmo quando se comete um erro. É possível que, justificadamente, você se sinta desapontado consigo mesmo e até seja dado à auto-acusação e à autopunição, mas esses sentimentos não o ajudarão a consertar as coisas. Na verdade, eles podem muito bem levá-lo a cometer uma loucura ainda maior. Em vez disso, após reconhecer o seu erro, você deve seguir em frente e procurar recuperar o tempo perdido.

Dan O'Brien enfrentou exatamente essa situação. Criado no estado do Oregon, ele parecia ter um grande futuro no esporte. Fez parte do time de futebol americano durante o curso secundário e praticava decatlo, uma combinação extenuante de dez provas individuais de atletismo.

O sucesso de O'Brien na liga escolar lhe rendeu uma bolsa de estudos integral na Universidade de Idaho. Tudo o que ele tinha a fazer era tirar média C nos estudos para manter seu lugar na equipe. Longe de casa pela primeira vez na vida, ele começou a dar mais valor às festas do que aos treinamentos e aos estudos. Começou a beber e fumar maconha, e logo suas notas ficaram abaixo da média obrigatória, e ele perdeu a bolsa de estudos.

Desesperado e com vergonha de voltar para casa, O'Brien usou sem autorização o cartão eletrônico que dava acesso ao seu dormitório e à lanchonete da universidade. Acabou expulso da universidade. Por sorte, um amigo deixou que ele ficasse em um apartamento próximo de lá durante as férias de Natal.

Mais tarde, O'Brien comentou com Bob Wischnia, que escreveu um perfil sobre ele na revista *Runner's World* em maio de 1992, que "estava tão insatisfeito com a minha vida que não podia voltar para casa e encarar minha família. Todos da escola tinham ido para casa, mas eu fiquei aqui sozinho, enrolando cigarros de maconha e bebendo cerveja".

Zangado consigo mesmo pelas loucuras cometidas, ele finalmente decidiu mudar sua vida para melhor. No início de 1988 pediu ajuda a seu antigo técnico, Mike Keller. Ele sabia que não conseguiria fazer isso por conta própria. O técnico disse a O'Brien que, para dar a volta por cima, ele teria de dar um passo de cada vez, e estimulou o jovem a começar matriculando-se em um *junior college,* um tipo de universidade americana que só oferece os dois primeiros anos do curso. E se ofereceu para ajudar a pagar a taxa de inscrição.

O'Brien inscreveu-se na faculdade e freqüentava as aulas regularmente, além de treinar com a equipe de atletismo. Conseguiu emprego em uma loja de golfe a fim de devolver os cinco mil dólares que devia à Universidade de Idaho pelo período em que usou indevidamente o alojamento e a lanchonete.

Quando se qualificou novamente para participar dos torneios de atletismo devido à melhoria em suas notas, O'Brien conseguiu ganhar cinco torneios, incluindo o decatlo. Depois de um semestre no *junior college*, Dan foi readmitido na Universidade de Idaho, em 1988, e logo ganhou um torneio de salto em distância e corrida de obstáculos.

O sucesso de Dan O'Brien no esporte restaurou sua confiança e auto-estima. Seu sonho, como o de muitos atletas, era marcar recordes mundiais e ganhar uma medalha de ouro olímpica. O'Brien esforçou-se e finalmente realizou seu primeiro sonho, no torneio de decatlo de 1992 em Talence, na França. Lá, superou suas melhores marcas em lançamento de peso, arremesso de disco e lançamento de dardo, provas consideradas por ele como seus pontos fracos, acumulando 8.891 pontos, o novo recorde mundial. Quatro anos depois, nos Jogos Olímpicos de Atlanta, na Geórgia, ele ganhou a medalha de ouro olímpica no decatlo.

Se Dan O'Brien tivesse ficado com raiva de si mesmo, punindo-se pelos erros cometidos e continuando a abusar de álcool e drogas, ele só teria aumentado o seu fracasso como atleta e como homem. Em vez de gastar sua energia aparentemente ilimitada com idéias de autodestruição, ele decidiu reverter o curso de sua vida. Fazendo isso, ele realizou seus sonhos.

Até tu, Brutus?

Confidenciar um segredo a alguém e vê-lo cair na boca do povo, escutar por acaso uma observação sarcástica feita por um amigo sobre você, ter uma grande idéia roubada e apresentada ao chefe por um colaborador – essas são traições que podem enfurecer qualquer um. São pequenas deslealdades que podem não acabar com a sua vida, mas magoam muito. Como fazer para deixar a raiva para trás? Veja o caso de Nicole Contos.

Em 1996, Nicole, uma professora de pré-escola de Nova York, resolveu passar as férias na Grécia. Foi a viagem dos seus sonhos. E Nicole voltou aos Estados Unidos certa de que havia encontrado o amor da sua vida: Tasos Michael, um animado advogado inglês, sofisticado e cosmopolita. Os dois começaram a namorar e, pouco tempo depois, marcaram a data do casamento. A cerimônia seria realizada um ano depois do primeiro encontro.

Às vésperas do casamento, os dois estavam um pouco nervosos, mas nada que indicasse qualquer problema grave. Na noite anterior à comemoração, Nicole conversou com o noivo por telefone e ele lhe disse que "os pés tremiam feito gelatina", mas também comentou que tinha comprado sapatos novos para combinar com o smoking. Ele realmente usou os sapatos, mas não para dançar na recepção. Ele foi visto saindo muito bem-vestido com o smoking, mas não apareceu na catedral de Manhattan. Em vez disso, foi para o aeroporto e, usando uma das passagens que tinha comprado para a lua-de-mel, embarcou para as ilhas Fiji sozinho.

Tasos Michael só avisou a um de seus padrinhos que não pretendia aparecer no próprio casamento, deixando para Nicole a dolorosa tarefa de contar aos convidados que não haveria casamento. Ela poderia ter delegado essa tarefa a outra pessoa, poderia ter fugido e se entregado à raiva e à dor, mas, em vez disso, ela vestiu uma minissaia e insistiu para que os convidados comparecessem ao que deveria ter sido sua recepção de casamento e que Nicole transformou em uma festa animada.

A reação positiva de Nicole a uma situação constrangedora espalhou-se primeiro por toda Nova York e depois pelo país inteiro, tanto nos noticiários locais como nos nacionais. A história de Nicole Contos dançando entusiasticamente o sucesso dos anos 1970 *I Will Survive* (Eu sobreviverei) horas depois de ter sido inexplicavelmente traída por Tasos Michael é a imagem perfeita de alguém superando uma traição. Apesar de toda a mágoa e raiva que deve ter sentido com o desaparecimento do noivo, ela estava decidida a não permitir que a deslealdade arruinasse sua vida.

A raiva e a Nova Lei de Murphy

Qualquer que seja a origem de sua raiva, você pode ignorá-la e fazer as coisas darem certo, exatamente como os personagens dessas histórias fizeram:

Lição 1: Faça da raiva uma emoção temporária. Gloria Estefan guardou a música em seu coração quando a tragédia se abateu sobre a sua vida.

Você já deixou que uma desgraça absorvesse sua mente a ponto de dominar sua vida e impedir que você seguisse em frente? Você sente raiva por alguma falha inerente a si próprio, acreditando que nunca irá superar os obstáculos ou desvantagens?

Sempre que isso acontecer, dê um passo atrás para analisar a sua vida antes e depois do furacão que o atingiu, porque assim você estará transformando a raiva numa emoção temporária.

Lição 2: Fique de olho em seu objetivo final. Se Don Barden não tivesse mantido o curso, imaginando seu destino em cada volta do caminho, ele não teria vencido tão espetacularmente.

Será que suas falhas ou os obstáculos que você enfrenta o instigam a abandonar seus sonhos? Alguma vez você já desistiu de algo por achar que os resultados desejados não mereciam mais o esforço?

Nesse caso, reafirme seu sonho e torne a se dedicar a si mesmo para obter os resultados que deseja. As circunstâncias da vida podem mudar, mas isso não deve fazer com que você diminua suas perspectivas.

Lição 3: Canalize seus sentimentos de forma positiva. Em vez de deixar a amargura controlar sua vida, Sarah Brady canalizou seus sentimentos para uma causa importante.

Durante uma crise, você tende a tornar as coisas piores reagindo de forma negativa a acontecimentos negativos? Alguma vez já agravou uma situação desagradável colocando mais lenha na fogueira da raiva?

Quando o raio cair, tenha em mente que duas coisas erradas não fazem uma certa e duas negativas não resultam em uma positiva.

Lição 4: Aprenda com seus erros. O triunfo de Dan O'Brien aconteceu porque ele prometeu não agravar seus erros repetindo-os.

Quando você estraga tudo, nega o que fez na tentativa de esquecer e seguir em frente assim mesmo? Você pode dizer honestamente que nunca cometeu o mesmo erro duas vezes?

O fracasso pode nos ensinar mais do que o sucesso, porque os erros testam nosso caráter, mas negar nossos erros nos condena a repeti-los. Defina cada erro cometido como uma oportunidade de aprender e crescer.

Lição 5: Dê a outra face. Em vez de encarar a traição do noivo como o fim de sua vida, Nicole Contos a usou como trampolim para o resto da vida.

Você reage à traição decidindo vingar-se? Uma traição faz com que você desconfie de todo mundo, adotando como premissa que você tem de se defender constantemente contra o egoísmo e a maldade das outras pessoas?

A vingança e a desconfiança são os enteados feios da raiva. Quando alguém lhe der um tapa no rosto, você ganha mais dando a outra face do que multiplicando as emoções negativas que cercam uma traição.

Essas cinco lições não impedirão que você caia na armadilha e morra de raiva futuramente. Entretanto, elas ajudarão a canalizar de forma positiva as energias e a proteger o otimismo incorporado na Nova Lei de Murphy. Uma coisa é certa: não importa o que dê errado na vida, você pode fazer com que dê certo jogando a raiva fora.

REGRA Nº 8
Faça a coisa certa

"A única obrigação que eu tenho é a de sempre fazer o que acho certo."

HENRY DAVID THOREAU

Algumas pessoas chamam de carma, outras simplesmente dizem que "tudo o que vai volta". Qualquer que seja a expressão, a idéia é a mesma: quem faz o bem a outras pessoas costuma receber o mesmo em troca.

Kip Keino, um corredor do Quênia, tem prateleiras cheias de troféus e prêmios, inclusive duas medalhas olímpicas de ouro e duas de prata. Keino ganhou sua primeira coroa de louros olímpica na corrida de 1.500 metros, nos Jogos Olímpicos da Cidade do México, em 20 de outubro de 1968. Embora estivesse sendo acometido por fortes dores no estômago (diagnosticadas posteriormente como uma grave infecção na vesícula biliar), Keino ignorou o conselho dos médicos para desistir da competição.

As expectativas eram grandes no início na corrida de 1.500 metros. O que esse surpreendente queniano conseguiria realizar? Kip estava competindo contra seu principal rival, o americano Jim Ryun, um adversário difícil mesmo em perfeitas condições de saúde. No entanto, o queniano disparou na frente desde o início e liderou a prova até o final. Jim Ryun chegou vinte metros atrás de seu rival para receber a medalha de prata. Em seu país natal, Kip logo foi alçado ao posto de herói nacional. Ruas receberam seu nome, e sua lenda se firmou quando ele ganhou outra medalha de ouro e uma de prata quatro anos depois, nos Jogos de Munique.

Embora essas conquistas no atletismo tenham lhe rendido fama, Keino não era um homem rico. Ele ganhou cerca de 20 mil dólares durante os anos de competição, dinheiro que investiu na compra de uma fazenda com uma casa-grande. Se você pedir que Kip Keino cite a realização mais gratificante de sua vida, ele não vai sequer mencionar corridas. Keino e sua esposa Phyllis têm sete filhos, mas adotaram várias crianças órfãs para morar com eles na cidade de Aldoret. O coração de Keino era grande demais para dizer não a uma criança que precisasse dele.

Quando lhe perguntam o que o tinha motivado a se dedicar a criar tantas crianças abandonadas, Keino respondeu: "Minha mãe morreu quando eu tinha três anos. Não quero que mais ninguém cresça com esse problema. Não posso ajudar todo mundo, mas faço o que está dentro da minha capacidade." O comprometimento dos Keino atraiu a atenção das pessoas, que começaram a oferecer assistência periódica à família, financeiramente ou de alguma outra forma. Voluntários chegam à fazenda dos Keino oferecendo seu tempo e trabalho, assim como enviam pequenas doações em dinheiro.

A banalização da violência dos dias de hoje nos leva a esquecer que existem pessoas como os Keino. No entanto, muitos como eles promovem o bem todos os dias, sem exigir qualquer reconhecimento ou recompensa por suas ações. Embora raramente seja a escolha mais fácil ou a mais conveniente, os Keino sabem que, ao ajudar outras pessoas, eles aumentam as chances de as coisas darem certo em suas próprias vidas.

Veja quatro motivos que podem nos estimular a fazer o mesmo:

- Ficar com a consciência limpa

- Criar confiança
- Estabelecer um precedente
- Obter resultados

Você está disposto a ajudar aqueles com quem trabalha e vive? Para você, ter a consciência limpa é mais importante do que qualquer sacrifício que tenha de fazer para melhorar a vida das pessoas?

Você coloca o bem-estar dos outros acima da conveniência e da praticidade? Você dá tanto valor à confiança como a recompensas palpáveis?

Você pode dizer que tenta estabelecer um precedente de bom comportamento? Você compreende que cada ação sua, seja ela boa ou má, serve de exemplo para outras pessoas?

Quando você se dedica a uma causa, não a abandona enquanto não obtiver resultados?

Embora promover o bem possa ser inconveniente e exigir um certo sacrifício, isso não é nada se comparado às conseqüências de fazer a coisa errada. Fazer a coisa errada nunca faz as coisas darem certo, como comprovam as histórias a seguir.

Ficar com a consciência limpa

Quando Oscar Robertson ofereceu o rim para sua filha doente, ele fez o que qualquer pai faria. Mas Robertson não é um pai qualquer, é um dos maiores jogadores de basquete de todos os tempos. Ainda assim, ele não fez o que a maioria das celebridades faria: aproveitar a oportunidade para aparecer em revistas e reavivar a imagem pública. Robertson fez exatamente o oposto: ele fez a coisa certa como um ato de amor, puro e simples.

Antes de Michael Jordan entrar em cena, ninguém lidava com a bola com tanta eficiência e autodomínio como o "Big O": Oscar

Robertson. Nos quatorze anos de carreira, ele fez 9.887 assistências sob uma pressão com a qual os jogadores atuais não se defrontam. Como jogador novato na Liga Nacional de Basquete, no início dos anos 1960, Oscar sofreu preconceito racial por parte de fãs. Também não foi fácil quando ele entrou na quadra como o primeiro atleta negro reconhecido nacionalmente na Universidade de Cincinnati.

Recentemente, contudo, em homenagem às suas conquistas, a universidade erigiu uma estátua do jogador de quase três metros de altura. Fiel à sua reputação de discrição e sobriedade, a reação de Oscar foi mais de constrangimento do que de orgulho. E foi dessa mesma forma discreta que se comportou em abril de 1997, quando ele e sua filha se registraram no hospital da Universidade de Cincinnati com nomes falsos para realizar o transplante de rim.

A história começou sete anos antes, quando sua filha do meio, Tia, começou a ficar preocupada com umas manchas vermelhas que apareciam na ponta de seus dedos. A atlética Tia Robertson adorava esquiar, nadar, jogar golfe e tênis, e trabalhava em Wall Street na Associação Nacional de Negociantes de Títulos e Ações. Quando, além das manchas nos dedos, surgiu uma mancha em forma de borboleta em seu rosto, Tia descobriu que tinha lúpus, uma doença que atinge o sistema imunológico do organismo, fazendo com que os anticorpos ataquem órgãos vitais e o tecido conjuntivo.

Em 1994, Tia descobriu que tinha lúpus sistêmico, a forma mais grave da doença. Seu estado permaneceu relativamente estável durante dois anos, mas seu sistema renal começou a falhar. Ela começou a fazer hemodiálise e logo se viu dependente de um rim artificial por sete a oito horas todas as noites. Ela tinha duas opções: continuar fazendo hemodiálise pelo resto da vida ou submeter-se a um transplante de rim. "Eu tinha de começar e parar a noite toda", disse ela sobre a hemodiálise. "Quase não dormia. Estava pronta para fazer o transplante."

A lista de espera nacional por um rim tinha cerca de 35 mil nomes. Seria mais rápido e teria mais chances de não haver rejeição se Tia pudesse receber o rim de um membro da família. Quando o pai e as irmãs de Tia se submeteram aos testes de compatibilidade, Oscar e Shana, a irmã mais velha de Tia, foram aprovados como possíveis doadores. Mas Oscar não quis nem ouvir falar na possibilidade de Shana abrir mão de um de seus rins. "Tia é minha filha", disse ele, explicando sua decisão final. "Era minha obrigação. Minha esposa e eu a trouxemos ao mundo. É nossa responsabilidade cuidar dela."

Então, em 10 de abril de 1997, Oscar e Tia se registraram no hospital com os nomes de Oscar Panama e Tia Paradise. Eles foram conduzidos a quartos vizinhos, e o rim de Oscar foi transplantado com êxito para Tia. A cirurgia correu sem problemas. Quando a equipe do hospital universitário conduziu Tia até o quarto do pai, ela disse simplesmente: "Obrigada pelo seu rim."

Como lembrança de sua boa ação, a lenda do basquete agora ostenta uma cicatriz de 45 cm e tem uma costela a menos, removida para permitir que os cirurgiões pudessem retirar o rim de Oscar, que era extraordinariamente grande. Quando a imprensa descobriu sobre seu ato de altruísmo, ele respondeu com a modéstia que lhe era peculiar. Oscar nunca tinha corrido atrás de publicidade nas quadras de basquete. Por que iria agir de forma diferente agora?

Depois da operação que salvou a vida de sua filha, Oscar revelou uma nova face ao público. Perdendo sua típica serenidade e indiferença, o Rei do Basquete desatou a chorar ao declarar à imprensa: "Eu não sou um herói, sou apenas pai." Desde a operação, ele tem se surpreendido com o apoio e a afeição que transbordam nas cartas e cartões recebidos de pessoas do mundo inteiro. Ainda assim,

Robertson não acha que tenha tomado uma atitude heróica. Quando chegou a hora de fazer as coisas darem certo, ele simplesmente mostrou-se à altura das circunstâncias, como já tinha feito tantas vezes na vida.

Criar confiança

Quando meu irmão Glen Murphy decidiu abrir um restaurante em Warrenton, o município mais pobre da Carolina do Norte, ele enfrentou o desafio de conquistar a confiança de uma comunidade com uma longa história de abandono e desconfiança. Mas por que Glen decidiu investir suas economias naquela cidade? Porque ele queria fazer a coisa certa – e escolheu uma comunidade na qual todos se beneficiariam com a presença da sua cadeia de restaurantes.

Antes de optar por Warrenton, Glen entrevistou várias agências de desenvolvimento industrial na região na Carolina do Norte e na Virgínia. Recebeu várias propostas de incentivos fiscais, mas foi a originalidade da proposta feita por empresários e líderes comunitários de Warrenton que chamou sua atenção. Eles ofereceram a oportunidade de fazer a diferença na comunidade, que tinha uma das mais altas taxas de abandono escolar no estado – atribuída à instabilidade familiar generalizada e à falta de incentivo a atividades acadêmicas.

Adotando os princípios de qualidade total utilizados em empresas, Glen criou um programa de reconhecimento e prêmios para enfatizar junto aos estudantes e suas famílias o valor de uma educação de qualidade. Uma força-tarefa, formada por professores, administradores e membros do conselho escolar, tinha a função de estimular o comprometimento com a educação e a permanência na escola. A idéia era que, ao final de cada ano letivo, os professores escolheriam um estudante de cada turma e os diretores elegeriam uma turma em cada escola como tendo feito a contribuição mais significativa para o auto-aperfeiçoamento educacional. Como prêmio, Glen doaria jantares para os ganhadores.

Era um programa ambicioso, especialmente levando em consideração o fato de que seu patrocinador vinha obtendo uma modesta receita de mil dólares por semana durante os primeiros meses. Mas Glen sabia que um comprometimento frio e indiferente não conquistaria a confiança de ninguém. Logo, centenas de estudantes e turmas de todos os níveis se mostravam ansiosos para obter o prêmio máximo. Outros órgãos da comunidade também começaram a se envolver, incluindo associações voltadas para famílias que precisam de assistência psicológica e emocional.

Glen usou seus restaurantes para criar o porto seguro necessário para muitas famílias sob pressão, oferecendo comida e uma mesa onde pudessem sentar juntos e conversar sobre seus problemas. Da mesma forma que crescia a participação nos programas, crescia também a confiança no homem que colocara seus princípios à frente do dinheiro – Glen chegou a receber o prêmio concedido pelo governador àqueles que se destacaram nos negócios e na ajuda voluntária. Logo o primeiro restaurante de Murphy tornou-se popular e rentável, levando Glen a abrir outros dois restaurantes, um deles numa estalagem histórica que fora reformada.

As realizações de Glen e do povo de Warrenton mostram como a confiança pode fazer dar certo o que tinha potencial para dar certo.

Estabelecer um precedente

Rachel Carson não teve uma recepção calorosa quando se propôs a lutar pela preservação do meio ambiente. Estávamos nos anos 1960, e Rachel assumiu a tarefa de divulgar o efeito devastador dos pesticidas no meio ambiente. Ao fazer isso, ela desafiou uma indústria multimilionária, o sistema político e a opinião pública. Ela trabalhou incansavelmente, mesmo depois de saber que tinha câncer de mama, doença responsável pela sua morte. Para ela, a saúde do meio ambiente vinha antes da sua própria saúde.

Formada em Zoologia pela Universidade Johns Hopkins, ela trabalhou como bióloga aquática no U.S. Bureau of Fisheries e, em seguida, no U.S. Fish and Wildlife Service.

Foi trabalhando no U.S. Fish and Wildlife Service que Rachel teve oportunidade de saber mais sobre o perigo dos pesticidas. No começo, explicou ela, "era agradável acreditar que grande parte da natureza estava para sempre fora do alcance do homem". Entretanto, seu trabalho demonstrou que o homem poderia poluir as nuvens, a chuva e o vento. Essa constatação a perturbou profundamente. Rachel concluiu que as pessoas estavam destruindo seu próprio meio ambiente, de forma lenta mas inexorável.

Essa conclusão fez com que propusesse à *Reader's Digest* escrever um artigo sobre os efeitos prejudiciais do pesticida DDT. A revista rejeitou sua proposta. Rachel Carson escreveu para E. B. White, um repórter da *New Yorker* que tinha demonstrado interesse em preservar os recursos naturais do país, para ver se ele se interessaria pela história dos moradores de Long Island, que queriam que a região fosse excluída de uma campanha para erradicação da mariposa européia, na qual seria usado o DDT. White sugeriu que Rachel escrevesse o artigo. Foi o que ela fez. À medida que ela pesquisava e recolhia informações sobre a questão, um livro começou a tomar forma. *Silent Spring* (Primavera silenciosa) foi publicado pela *New Yorker* em capítulos e, mais tarde, na íntegra.

Antes da publicação dos artigos, as empresas químicas empreenderam uma campanha para apresentar os pesticidas como a mais moderna defesa do mundo contra a fome e doenças. Rachel foi alvo de comentários pessoais e sexistas. "Pensei que ela era uma solteirona", ouviu muitas vezes. Não adiantou. Seu livro teve enorme repercussão. O presidente John F. Kennedy leu o livro e mandou que o Comitê Consultivo para a Ciência recebesse ordem para estudar as ramificações do uso de pesticidas. Pela primeira vez na História, o conceito de "meio ambiente" entrou para a consciência pública.

Os esforços de Rachel levaram à criação da Agência de Proteção Ambiental, em 1970. O regulamento de pesticidas e a administração do Serviço de Inspeção de Segurança de Alimentos ficaram sob a jurisdição desse novo órgão, garantindo um gerenciamento menos motivado economicamente para essas áreas.

Rachel Carson usou sua coragem, conhecimento e perseverança para enfrentar o sistema político, agrícola e empresarial. Ao fazer a coisa certa, ela estabeleceu um precedente para gerações de ecologistas que seguiriam seus passos.

Obter resultados

Émile Zola também desafiou a opinião pública quando se envolveu no infame caso Dreyfus no final do século XIX.

É provável que o obscuro capitão do Exército francês Alfred Dreyfus tivesse servido às forças armadas e se aposentado na obscuridade se alguns acontecimentos em uma França politicamente instável não tivessem saído de controle. Tudo começou em 1894, quando documentos secretos franceses foram descobertos em uma cesta de lixo no escritório de um adido militar alemão. Imediatamente surgiram suspeitas de que algum oficial francês estaria fornecendo informações ao governo alemão. Muitos oficiais, incluindo o capitão Dreyfus, poderiam ter manuseado os documentos, mas as investigações se fixaram em Dreyfus, o único oficial judeu a ter esse acesso. Um especialista em caligrafia analisou os papéis encontrados no escritório do adido alemão e afirmou que a caligrafia de Dreyfus era "semelhante" à dos papéis.

O anti-semitismo correu solto. O jornal *La Libre Parole* declarou esse incidente como mais um dos muitos exemplos da perfídia judia. Apesar de seus reiterados protestos de inocência, uma corte marcial secreta declarou Dreyfus culpado de traição. O Exército retirou suas insígnias em uma cerimônia pública humilhante e o sentenciou à prisão perpétua na Ilha do Diabo.

O caso Dreyfus teria terminado ali se não fosse por um tenente-coronel curioso e persistente que assumiu o serviço secreto do Exército dois anos após a condenação de Dreyfus. O tenente-coronel Georges Picquart não sentia nenhuma simpatia especial pelo condenado, mas era fiel a seus deveres como oficial do Exército. Por isso, quando descobriu provas de que alguém tinha incriminado Dreyfus falsamente e de que o oficial realmente culpado de espionagem ainda continuava na ativa, ele fez a coisa certa. Indicou um culpado à corte marcial, o major Walsin Esterhazy, e insistiu em reabrir o caso.

O Exército, como resposta, o transferiu para a Tunísia. Uma junta militar analisou negligentemente o caso e, após deliberações que não duraram mais do que três minutos, o absolveram, ignorando todas as provas convincentes de sua traição. Com Picquart fora do país e Dreyfus trancafiado atrás das grades, os figurões do Exército só não contavam com a intervenção do popular e respeitado escritor Émile Zola. Quando Zola ficou ciente de que, na realidade, outro indivíduo tinha cometido a traição atribuída a Dreyfus, ele publicou "J'Accuse!", uma denúncia explícita da trapaça do Exército, no jornal *L'Aurore*.

Numa carta aberta ao presidente da França, Zola acusou oficiais do Exército e o ministro da Guerra de incriminar Dreyfus falsamente. Essa atitude de Zola foi decisiva para que o caso se tornasse um escândalo internacional e a causa de Dreyfus ganhasse credibilidade tanto dentro como fora do país. Zola encarava o caso Dreyfus como uma desonra tanto para o Exército francês como para o país.

Como resultado de sua opinião anunciada em voz alta, o próprio Zola foi acusado, julgado e condenado por falsa calúnia contra o Exército. Para evitar ser preso, ele fugiu para a Inglaterra. Contudo, mesmo no exílio, ele continuou a falar abertamente em defesa de Dreyfus e contra o anti-semitismo irracional e descontrolado que ele abominava.

A campanha internacional iniciada por Zola obrigou o governo francês a rever o caso com mais seriedade. A continuação das investigações revelou que o Exército tinha ocultado provas da inocência do capitão. Também foi descoberto que a espionagem pela qual Dreyfus tinha sido enviado para a Ilha do Diabo ainda estava acontecendo. Na época, o chefe do serviço de contra-espionagem francês tentou avisar ao presidente que o major Esterhazy – e não Dreyfus – tinha realmente fornecido aos alemães informações sobre o posicionamento de tropas, mas o presidente não quis ouvir falar do assunto. Dreyfus foi julgado novamente e, apesar das provas em contrário, foi novamente considerado culpado, tendo de voltar para a prisão na Ilha do Diabo.

Pressionado pela opinião pública, o presidente finalmente perdoou Dreyfus, que teve de esperar doze anos para recuperar sua antiga posição no Exército.

O empenho de Zola em fazer a coisa certa acabou por reverter uma terrível injustiça. Arriscando sua reputação, sua carreira e até mesmo sua vida, Zola apoiou o que ele sabia que era certo. Como Anatole France descreveu em seu funeral, ele foi "um momento na consciência da humanidade".

Fazer a coisa certa e a Nova Lei de Murphy

Fazer a coisa certa parece simples. Na realidade, fazer a coisa certa exige um sacrifício tremendo. Se você der as costas a uma oportunidade de fazer as coisas darem certo para alguém, não se surpreenda se, mais tarde, outra pessoa optar pelo mesmo caminho fácil em vez de ajudar você.

Para que a vontade de fazer a coisa certa se torne um hábito, pense nas lições dadas pelas pessoas que foram citadas neste capítulo:

Lição 1: Dê valor a recompensas invisíveis. Kip Keino gostava de retribuir a sorte que teve na vida melhorando a sorte de outras pessoas.

Você ajuda alguém esperando por recompensas ou elogios? Alguma vez se ressentiu porque alguém não lhe agradeceu devidamente por uma gentileza ou um ato de generosidade?

Você não pode levar um troféu ou um prêmio em dinheiro para o túmulo, mas sua reputação e as boas ações que tenha praticado continuarão a viver muito tempo depois que você tiver morrido. Valorize-as mais do que qualquer outra coisa.

Lição 2: Proteja sua integridade moral. Se Oscar Robertson não tivesse doado um rim à sua filha, ele não ficaria em paz consigo mesmo.

Alguma vez você jogou fora uma oportunidade de fazer a coisa certa e depois se lamentou por ter tomado essa decisão? Você pensa em fazer uma boa ação para ganhar o respeito das outras pessoas?

Lição 3: Valorize a lealdade em sua atividade diária. Glen Murphy poderia ter se estabelecido comercialmente em uma comunidade bem-sucedida, mas, em vez disso, preferiu abrir seu negócio na localidade onde ele mais seria útil.

Ao tomar decisões no seu dia-a-dia, você tenta despertar a

confiança de terceiros? É fácil para você confiar nas outras pessoas ou normalmente desconfia das intenções delas?

Quando você confia nas outras pessoas, elas tendem a confiar em você também. Da mesma forma, quando desconfia dos outros, eles desconfiam de você também! Deixe a confiança guiar suas ações.

Lição 4: Estabeleça um bom precedente. Como demonstram as conquistas de Rachel Carson, um indivíduo que faz a coisa certa pode inspirar outras pessoas a fazerem o mesmo.

Quando você toma uma atitude, leva em consideração os precedentes estabelecidos por outras pessoas ou simplesmente ignora esses exemplos? Você age por impulso?

Se as pessoas o virem fazendo a coisa certa, elas se sentirão motivadas a fazer a mesma coisa: nunca se esqueça da influência que suas ações diárias têm sobre o comportamento dos que o cercam.

Lição 5: Deixe os resultados falarem mais alto do que as palavras. Émile Zola escreveu e falou de forma eloqüente, mas tudo isso teria sido inútil se não tivesse conseguido fazer com que a coisa certa acontecesse.

Alguma vez você já se parabenizou por fazer a coisa certa, mesmo que essa atitude não resultasse em uma mudança permanente para melhor? Você dá mais valor ao resultado de suas ações do que às ações em si?

Faça a coisa certa, mas esteja alerta para os resultados. Boas intenções e boas ações nada significam se não trouxerem resultados favoráveis para você e para aqueles que o cercam.

Optando por fazer a coisa certa, você irá descobrir que os benefícios superam em muito os custos. As recompensas mais valiosas são invisíveis, mas criam resultados palpáveis. A dignidade moral, a confiança de amigos, uma vida exemplar e os resultados positivos contam mais do que todos os troféus e dinheiro do mundo.

REGRA Nº 9
Dê mais do que recebe

"Se você não tem amor ao próximo em seu coração,
você sofre do pior tipo de doença do coração."
BOB HOPE

A Nova Lei de Murphy acrescenta uma nova faceta ao velho clichê "É melhor dar do que receber". A generosidade não só faz você se sentir bem como faz as coisas darem certo. A verdadeira bondade, que nos coloca em posição de dar aos outros o que gostaríamos de receber deles, significa tomar atitudes, doar seu tempo, seu dinheiro ou seus esforços sem reservas. Foi o que aconteceu quando a empresa de Aaron Feuerstein, a Malden Mills, em Massachusetts, foi totalmente destruída num incêndio. A conduta do proprietário provou que ele dava mais valor ao bem-estar de seus funcionários do que a seus bens materiais.

Nascido e criado na Nova Inglaterra, Aaron se manteve leal à comunidade de Methuen quando herdou a fábrica de tecidos fundada por seu avô, em 1907. Enquanto seus concorrentes transferiam suas empresas para países onde a mão-de-obra era mais barata, ele decidiu ficar para não acabar com mais de dois mil postos de trabalho. Mesmo quando a empresa declarou falência, no início dos anos 1980, Feuerstein não desistiu. Manteve a equipe de pesquisa e desenvolvimento trabalhando durante a crise e lançou um tecido leve, de secagem rápida e fácil de tingir, feito essencialmente de plástico reciclado, que ajudou a reverter a crise. Ecologicamente correto, esse novo tecido, batizado de "Polartec", era o produto perfeito para competir no crescente mercado de peles artificiais de animais, não por acaso o responsável pela maior queda na demanda das fábricas da Malden Mills.

Crise superada, tudo corria bem até que uma caldeira explodiu, provocando um incêndio que feriu vinte e sete empregados e acabou com três prédios da fábrica. O presidente do Sindicato dos Empregados da Indústria Têxtil descreveu assim a catástrofe: "Eu estava parado ali em pé, vendo a fábrica queimar ao lado de meu filho, que também trabalha lá, e ele olhou para mim e disse: 'Pai, acabamos de perder o emprego.'" De fato, o destino da cidade inteira parecia estar traçado. Muitos acreditaram que o velho Feuerstein, com setenta anos, ia simplesmente pegar o dinheiro do seguro e se aposentar.

Três dias após o incêndio, porém, Feuerstein anunciou: "Dentro de três meses estaremos trabalhando a todo vapor." Nesse período, a Malden Mills continuou pagando seus funcionários. A reconstrução, porém, exigiu muito mais tempo e dinheiro do que ele tinha previsto. Foram quase dois anos até a reinauguração. Mas a generosidade de Aaron Feuerstein rendeu-lhe o apoio e a lealdade que dinheiro nenhum pode comprar. Isso incentivou outras companhias e outros indivíduos a lhe darem a assistência necessária para permanecer com o negócio em Methuen, ajudando o povo da cidade a sobreviver nesse meio tempo.

Todas as pessoas realmente bem-sucedidas que conheci, ou sobre cujas vidas estudei, têm em comum essa generosidade de espírito. Muitas doam recursos financeiros, mas outras tantas doam seu tempo – estão sempre dispostas a ouvir e a estender a mão, com uma palavra de encorajamento na ponta da língua. Qualquer que seja a ocupação ou a profissão dessas pessoas, normalmente elas percorrem pelo menos um desses caminhos de generosidade:

- Um trabalhando para um
- Um trabalhando para muitos
- Muitos trabalhando para um
- Muitos trabalhando para muitos

Alguma vez você já ajudou a fazer uma coisa dar certo para outro indivíduo?

Você já se deu conta de alguma vez estar assistindo ao noticiário e pensando: "Há tantos problemas no mundo. Eu gostaria de ajudar, mas o que uma só pessoa pode fazer?" Você respondeu a essa pergunta fazendo algo que beneficiasse muitas outras pessoas?

Você já aproveitou a oportunidade de unir forças com pessoas da empresa onde trabalha ou da sua comunidade para melhorar as coisas para um indivíduo que esteja passando necessidade?

Alguma vez você se uniu a outras pessoas para ajudar muitas outras?

Os indivíduos e grupos citados neste capítulo transformaram em ação a simples generosidade de espírito, agindo de maneira a melhorar sensivelmente as vidas de outras pessoas, desde o morador da esquina até comunidades no mundo inteiro.

Um trabalhando para um

Poucos cidadãos influenciaram mais a História do que Alfred Nobel. Suas inovações na indústria de explosivos e munições modificaram a natureza da guerra, mas, ironicamente, foi sua enorme generosidade que ajudou a ampliar nossa consciência como indivíduos que lutam pela paz.

Nobel nasceu em 1833 em Estocolmo, na Suécia. Era uma criança fraca e doente, que exigia atenção constante. Sua mãe quase não saía de seu lado em seus primeiros anos de vida, passando inúmeras noites em vigília à beira de sua cama, embora o pai do jovem Alfred raramente aparecesse. É que no ano em que Alfred nasceu, Immanuel Nobel foi à falência e teve que partir para a Finlândia em busca de trabalho. Ficou quatro anos longe de sua casa e, ao retornar, contou ter reencontrado o caminho para a fortuna: tinha inventado uma mina explosiva.

O czar da Rússia convidou Immanuel Nobel a instalar uma fábrica do explosivo na cidade de São Petersburgo. Com isso, os Nobel se mudaram para a Rússia. Em 1854, com a deflagração da Guerra da Criméia, choveram pedidos na fábrica de Nobel. Como a guerra foi desastrosa para a Rússia, o novo czar, Alexandre II, cancelou todos os contratos. Pouco tempo depois, um incêndio no prédio principal da fábrica selou a ruína daquele que outrora tinha sido um próspero negócio. Immanuel Nobel foi à falência mais uma vez.

Depois do colapso dos negócios do pai, cada um dos irmãos Nobel foi cuidar de sua vida. Alfred começou a realizar experimentos com um líquido de que tinha ouvido falar durante a Guerra da Criméia: nitroglicerina. Ele e o pai começaram a desenvolver um novo explosivo. Em 14 de outubro de 1863, Alfred Nobel registrou sua primeira patente para o produto resultante da nitroglicerina.

Países em desenvolvimento com planos para construir linhas férreas e explorar a mineração correram para comprar esse novo e poderoso explosivo. Infelizmente, o líquido era perigosamente instável e exigia um manuseio extremamente cuidadoso para evitar que detonasse. Inevitavelmente, diversos acidentes começaram a ocorrer devido a vazamentos ou a manuseio indevido por parte de empregados pouco treinados. Nobel começou a temer que o pânico generalizado pudesse fazer com que a fabricação de seu produto fosse proibida e tratou de encontrar uma forma de estabilizar a substância.

Foram testadas diversas substâncias com capacidade de absorver a nitroglicerina, incluindo serragem, pó de tijolo, carvão e cimento. O acaso fez com que alguém substituísse a serragem em torno da nitroglicerina por argila. Quando uma lata no caixote vazou, Nobel percebeu que a argila estava encharcada pelo líquido, mas que ainda se mantinha granulosa. Testes em seu laboratório mostraram que o material proveniente dessa união reagia ao calor e ao choque da mesma forma que a nitroglicerina. Quando Nobel o inseriu em uma cápsula de percussão, detonando-a em seguida, a explosão resultante foi ainda mais poderosa do que a alcançada com nitroglicerina pura. Nobel patenteou a substância com dois nomes: "Pólvora de segurança Nobel" e "Dinamite". Seu negócio progrediu rapidamente, com novas fábricas de dinamite surgindo por toda a Europa.

Aos quarenta e três anos, Alfred Nobel era um homem muito rico. Ele montou residência fixa em Paris e contratou uma secretária particular para supervisionar seus negócios. Esta mulher, Bertha von Suttner, viria a ter uma profunda influência sobre seu chefe e, através dele, sobre o mundo. Bertha era uma mulher linda, de trinta e três anos, que portava o título de condessa Bertha Kinsky von Chinic und Tettau, apesar de a mãe ter perdido toda a fortuna da família no jogo.

Impressionado pela sua inteligência, perspicácia e integridade, Nobel desenvolveu uma sincera e duradoura amizade com ela. A ligação entre os dois continuou mesmo depois de Bertha ter se casado e deixado o emprego. Por isso, perto da virada do século, Bertha e seu marido foram fazer uma visita a Alfred em Paris. A Europa já estava imersa na inquietação que acabaria resultando na Primeira Guerra Mundial, e as conversas só giravam em torno desse assunto. Bertha comunicou a Nobel sua decisão de lutar pela paz e questionou seu contínuo envolvimento no campo das munições, tentando persuadi-lo a juntar-se a ela nessa causa. Nobel sempre tinha acreditado que a criação de uma arma "com tamanha capacidade de aniquilação em massa" impossibilitaria qualquer guerra. Entretanto, a combinação do persistente burburinho de uma guerra iminente com os insistentes pedidos de Bertha começou a alterar o ponto de vista de Alfred Nobel.

Em sua luta pacifista, Bertha escreveu um romance, *Lay Down Your Arms!* (Entregue suas armas). O livro se tornou bastante popular na Europa e rendeu a Bertha um convite para participar da 3ª Conferência pela Paz Mundial como presidente da delegação austríaca. Bertha convenceu Nobel a comparecer, e, quando os dois se despediram após a conferência, Nobel assegurou-lhe que ia fazer algo maior em favor do movimento pela paz. Percebendo que, ao contrário de suas convicções iniciais, o trabalho de sua vida não tinha levado o mundo para longe da guerra, ele prometeu que usaria sua imensa fortuna para premiar os indivíduos que lutassem pela paz.

Em 7 de janeiro de 1893, Alfred Nobel escreveu para Bertha: "Eu gostaria de destinar uma parte da minha fortuna para a formação de um prêmio a ser distribuído a cada cinco anos... esse prêmio seria concedido ao homem ou mulher que tivesse feito o maior avanço em prol da paz na Europa..." Essa generosa doação viria a se tornar conhecida como o Prêmio Nobel da Paz. Dois anos depois de ter escrito essa carta, em novembro de 1895, Alfred Nobel assinou seu testamento final, incluindo a instituição definitiva do prêmio que, como ele frisou, deveria ir para "a pessoa que tivesse conseguido promover a amizade entre os povos e garantir a eliminação ou a redução de exércitos permanentes de forma mais eficiente...".

A cada ano, quando o Comitê do Prêmio Nobel anuncia o nome de uma pessoa que tentou melhorar o mundo e fazer dele um lugar mais pacífico, esse indivíduo recebe tanto um prêmio em dinheiro como publicidade internacional para sua causa. O primeiro

Prêmio Nobel da Paz, concedido em 1901, exatamente cinco anos após a sua morte, foi para Henri Dunant, da Suíça, que fundou a Cruz Vermelha, e para Fredric Passy, um renomado pacifista francês. Posteriormente, outros prêmios Nobel foram criados para expandir a obra e utilizar a fortuna que havia sido reservada para o prêmio. Hoje em dia, lembramos de Alfred Nobel mais pelo prêmio da paz que ele instituiu do que pela dinamite que inventou.

Como uma síntese do trabalho de sua vida, Nobel escolheu o curso da generosidade e buscou pessoalmente dar reconhecimento àqueles indivíduos cujas contribuições extraordinárias fizeram as coisas darem certo para todos nós.

Um trabalhando para muitos

Se você visse celebridades como Dustin Hoffman, Gregory Peck, Lily Tomlin, Leslie Caron e Whoopi Goldberg reunidas em um só lugar, que tipo de evento você acharia que estava acontecendo? Talvez a festa do Oscar ou o lançamento de um filme? Acredite ou não, na verdade você poderia estar presenciando não uma glamourosa festa de Hollywood, mas algo muito mais significativo. Essas e outras celebridades fazem parte da junta consultiva do Audrey Hepburn Hollywood for Children Fund (HFC).

Audrey Hepburn, filha de uma baronesa holandesa e um banqueiro inglês, nasceu em 1929 em Bruxelas, na Bélgica. Mas vivia na Holanda durante a ocupação nazista na Segunda Guerra Mundial e, embora fosse apenas uma criança, demonstrou sua generosidade ao se oferecer como voluntário para levantar fundos em prol da Resistência holandesa. Apaixonada por dança, Audrey atuava em concertos secretos, revertendo a arrecadação para os militantes da Resistência. Também arriscava a vida pela causa, servindo de mensageira. Obviamente, a vida na Holanda na época da guerra era extenuante e difícil. A falta de comida e as dificuldades enfrentadas durante a ocupação deixaram a jovem Audrey com o metabolismo alterado, o que seria provavelmente a causa da lendária elegância da atriz.

Audrey Hepburn tinha dezesseis anos quando os aliados libertaram a Holanda. Audrey sempre se lembrou da chegada bem-vinda dos membros da Cruz Vermelha Internacional e das Nações Unidas, que vieram na frente para trazer comida e os medicamentos dos quais os holandeses sitiados precisavam desesperadamente. Logo, ela mudou-se para o Sul da França, onde trabalhou como modelo e fez pontas como atriz para financiar seus estudos de dança. Sua carreira decolou quando o famoso teatrólogo francês Colette ofereceu-lhe o papel principal da versão da Broadway para *Gigi*. Depois dessa estréia americana, a atraente e jovem atriz ganhou o papel de protagonista em *A Princesa e o Plebeu*, contracenando com Gregory Peck. Seu trabalho nesse filme de 1953 rendeu-lhe um Oscar de melhor atriz e fama internacional.

Daí em diante, a carreira de Audrey deslanchou. Ela atuou em filmes que muitos críticos consideram clássicos, como *Sabrina*, *Bonequinha de Luxo* e *Minha Bela Dama/My Fair Lady*. Mas Audrey Hepburn não deixou que o sucesso lhe subisse à cabeça. "Provavelmente, eu tenho o mérito de ser uma estrela de cinema que, por todas as leis da lógica, nunca deveria ter sido. Nesse estágio da minha carreira falta-me experiência", dizia.

Nos últimos cinco anos de sua vida, em segredo, ela se empenhou em tentar resolver o drama das crianças carentes, servindo como embaixadora do UNICEF e viajando pelo mundo inteiro, principalmente por regiões pobres como Etiópia, América do Sul, América Central, Bangladesh, Sudão e Vietnã. Mesmo começando a sentir terríveis dores abdominais durante as viagens, ela continuou sua peregrinação como embaixadora da boa vontade. As dores eram, na verdade, um sintoma do câncer de colo do útero que a matou em 20 de janeiro de 1993.

Sobre sua morte, o executivo-chefe do UNICEF, James P. Grant, declarou: "Movida por um profundo amor pelas crianças, Audrey por várias vezes deixou de lado o conforto de sua casa para visitar algumas das pessoas mais excluídas e esquecidas deste planeta, das quais ela se tornou uma representante eficiente. Seus apelos eloqüentes e profundamente tocantes em benefício dessas pessoas ajudaram a levantar fundos, mas também a aumentar a consciência da comunidade mundial."

Audrey Hepburn transformou sua gratidão em generosidade e, ao fazer isso, incentivou muitos outros a fazer o mesmo. Após a morte de Audrey, seu filho, Sean Ferrer, fundou, junto com amigos e parentes, o Audrey Hepburn Hollywood for Child Fund, para dar continuidade ao trabalho da mãe. Hoje a organização reúne dezenas de celebridades decididas a ampliar o legado da atriz.

Muitos trabalhando para um

Quem de nós nunca se comoveu com a devastação causada por um desastre natural na vida das pessoas? Secas, enchentes, furacões, terremotos – todas essas catástrofes testaram a coragem daqueles que passaram por isso e a generosidade daqueles que acorreram para socorrer. Será que costumamos fazer o mesmo por apenas um indivíduo que tenha sofrido uma tragédia pessoal? O empresário Alex Spanos e o corpo de voluntários que ele inspirou são especialistas nisso.

Filho de imigrantes gregos de Kalamata, Spanos não nasceu em berço de ouro. Ele fundou a Construtora A. G. Spanos em 1960, comprou a franquia do time de futebol San Diego Chargers em 1984 e construiu seu negócio a partir do zero. Apesar de sua fortuna ser proveniente de muito trabalho, Spanos se sentia na responsabilidade de ajudar os outros como forma de agradecer à sociedade por sua prosperidade. Fez grandes doações para diversas instituições de caridade, inclusive a YMCA, a Cruz Vermelha e muitas organizações voltadas para crianças. Tudo isso fez de Spanos um homem extraordinário. Mas foi uma contribuição em especial, feita à professora Kharen Pella, que serviu de ponte para conseguir a ajuda de toda a comunidade.

Nascida em Stockton (Califórnia), como Spanos, Kharen trabalhava como professora voluntária numa escola internacional em Phnom Penh, no Camboja, quando a tragédia bateu à sua porta. Gravemente queimada em um acidente ocorrido em 6 de fevereiro de 1996, Kharen foi levada para um hospital local, onde ficou desamparada por dois meses, sem dinheiro sequer para voltar para casa.

Um artigo publicado no jornal de Stockton descrevendo o drama da professora chamou a atenção de Spanos, que logo ofereceu seu avião particular para trazê-la de volta. Os moradores também se mobilizaram e reuniram doações de 35 mil dólares para ajudar a pagar o tratamento médico de Kharen. O avião de Spanos deixou San Francisco com dez moradores, às sete horas da manhã do dia 16 de abril. Seu destino: a cidade de Phnom Penh.

Alex Spanos foi ao aeroporto dar as boas-vindas à professora. "Você não precisa se preocupar com nada", assegurou-lhe ele. "Apenas cuide-se." Kharen foi levada ao aeroporto para o Hospital Geral de San Francisco, onde reencontrou seus quatro filhos e seu irmão. "Tomara que algum dia nós possamos retribuir o que o Sr. Spanos nos deu, fazendo algo para alguém da mesma forma", disse Nhicolle Clayton, a irmã mais velha de Kharen.

Alex Spanos, através de sua generosidade com uma pessoa em dificuldades, deu origem a uma espiral de benevolência que fez as coisas darem certo.

Muitos trabalhando para muitos

Quando William e Kathy Magee viajaram para as Filipinas em 1981 como voluntários em uma missão médica de cinco dias para ajudar a restaurar a saúde e a auto-estima de crianças com lábio leporino e fenda palatina, eles não imaginavam que essa breve temporada lá mudaria a vida deles para sempre.

Os Magee viviam confortavelmente nos arredores de Norfolk, na Virgínia. Eles formavam um típico casal americano: começaram a namorar ainda no colégio e se casaram em 1967, alguns anos depois de se formarem na faculdade. No princípio, Kathy trabalhava como enfermeira pediátrica enquanto William terminava de cursar a Escola de Odontologia. Formado, ele passou a trabalhar como dentista à noite e a cursar a Escola de Medicina durante o dia. Após fazer residência médica, William estabeleceu-se como especialista em cirurgia plástica reconstrutora.

Quando o casal recebeu o convite para a viagem às Filipinas, já tinha cinco filhos, de seis a treze anos. O desejo de ser útil superou as dúvidas de como acomodar as crianças menores, que ficaram aos cuidados de pessoas amigas, sendo que a filha mais velha, Brigette, viajou como assistente. A situação que esperava os Magee nas Filipinas era angustiante. "As pessoas empurravam seus bebês em nossa direção e puxavam nossas roupas com lágrimas nos olhos, implorando-nos para que ajudássemos seus filhos", disse Kathy Magee.

A equipe visitou três cidades em cinco dias, conseguindo realizar o número impressionante de cento e cinqüenta operações. Entretanto, outras duzentas e cinqüenta crianças continuavam precisando desesperadamente de ajuda. Muito pior do que o estigma social era a dificuldade que elas tinham para falar, freqüentar a escola e, às vezes, até para se alimentar, por causa dos lábios leporinos e das fendas palatinas. Os Magee prometeram voltar assim que pudessem. Para isso, se lançaram em uma campanha para levantar fundos para financiar a nova missão. Foram inúmeros jantares beneficentes e jogos de bingo, ao mesmo tempo que recrutavam o serviço voluntário de outros dezoito médicos, enfermeiras e técnicos para o projeto, que eles apelidaram de Operação Sorriso.

Depois da segunda viagem, quando atenderam a mais duzentas crianças, o casal decidiu que a Operação Sorriso deveria se tornar uma organização permanente. Além de tratarem dos lábios leporinos e das fendas palatinas, os cirurgiões removeram tumores, corrigiram deformidades nos dedos das mãos, trataram de danos causados por queimaduras e por paralisia dos nervos faciais, entre outros problemas graves. Eles nunca receberam um centavo por seus serviços.

O projeto, que começou com um pequeno grupo de amigos, hoje em dia já conta com mais de 28 mil membros. Além das Filipinas, esses voluntários prestam serviços em outros dezessete países, entre eles Rússia, Colômbia, Brasil, Vietnã, China, Romênia e Marrocos. Segundo os Magee, a taxa de deformidade nesses países chega a um para quinhentos, mais do que o dobro da taxa nos Estados Unidos.

A generosidade de William e Kathy Magee mudou a vida de mais de 43 mil crianças. Além disso, a Operação Sorriso instituiu programas de treinamento para médicos desses países, desde que eles se comprometam a continuar o trabalho beneficente, tratando gratuitamente pelo menos uma criança deformada fisicamente por semana. Dessa forma, a Operação continua sendo útil a uma comunidade mesmo depois da partida de seus voluntários.

William e Kathy Magee transformaram um compromisso pessoal em uma organização internacional que tem beneficiado milhares de pessoas. Como disse o Dr. Magee, "o que começou como uma idéia de ajudar apenas algumas crianças se transformou numa rede de voluntários e médicos em missões que transformaram milhares de vidas. E o número de sorrisos em todo o mundo continua crescendo".

A generosidade e a Nova Lei de Murphy

As pessoas que vocês conheceram neste capítulo são exemplos inestimáveis do poder da generosidade. Quer seja uma pessoa ajudando outra, uma pessoa ajudando muitos, muitos ajudando uma pessoa ou muitos ajudando muitos, o ato de dar mais do que se recebe faz as coisas darem certo. Para usufruir esse poder, não se esqueça destas lições:

Lição 1: Interesse pessoal e compaixão podem coexistir. Aaron Feuerstein demonstrou que é possível levar em consideração o bem-estar das pessoas antes de tomar suas decisões.

Alguma vez você assumiu o compromisso de se tornar um membro ativo em sua comunidade?

Se você acha que suas atitudes pouco podem fazer para trazer algum benefício para sua comunidade, lembre-se da diferença que apenas uma pessoa generosa pode fazer no mundo.

Lição 2: Nunca é tarde para começar a dar ouvidos à sua consciência. Alfred Nobel viveu a maior parte de sua vida acreditando que sua fábrica de munições contribuiria para a paz mundial. Ao perceber que estava errado, optou por recompensar os esforços em favor da paz.

Você se envolve em relacionamentos nos quais dá tanto ou mais do que recebe? Alguma vez esperou mais de uma pessoa do que estava propenso a lhe dar?

Procure oportunidades de ser generoso.

Lição 3: Bondade se paga com bondade. Audrey Hepburn nunca esqueceu a bondade dos voluntários que vieram em seu auxílio na Holanda devastada pela guerra.

Alguma vez você percebeu que não dá o devido valor aos atos de bondade que recebe? Você costuma demonstrar gratidão quando alguém lhe estende a mão?

Respeitando a regra de que amor com amor se paga, você estará acelerando o processo de reciprocidade no qual bondade atrai bondade.

Lição 4: Motive a generosidade nos outros com sua própria generosidade. Como tão bem ilustra a história de Alex Spanos, uma pessoa pode inspirar muitas outras.

Você se interessa em saber, entre as pessoas com as quais você trabalha ou convive, quem pode estar necessitando de assistência? Você aceita convites para se juntar a pessoas na ajuda a uma pessoa necessitada?

Alie-se a outros indivíduos, ajude uma pessoa e observe como ela retribui o favor ajudando outras.

Lição 5: Crie uma espiral de generosidade. William e Kathy Magee e todos os envolvidos na Operação Sorriso utilizam seus conhecimentos médicos para melhorar a vida de inúmeras pessoas.

Você procura formas de melhorar a vida de quem necessita? Alguma vez apoiou ou trabalhou para uma organização de ajuda aos pobres e desamparados?

Qualquer que seja o seu talento individual, algumas organizações podem usá-lo a serviço de outras pessoas. Participe regularmente desse esforço, mesmo que você só possa dedicar uma parte de seu tempo.

Generosidade. Ela começa no coração, mas lança uma semente que continua a germinar muito depois do ato em si.

REGRA Nº 10

NUNCA desista

"Você só será um perdedor quando desistir de tentar."

MIKE DITKA

Começar uma jornada com otimismo e esperança, seguindo as regras que fazem as coisas darem certo, não evita todos os contratempos que se interpõem entre nós e os nossos sonhos, mas que ajuda muito é um fato. É assim que funciona a Nova Lei de Murphy. Ela não faz os obstáculos desaparecerem, mas nos dá a persistência e a perseverança necessárias para superar o que quer que apareça para atrapalhar nosso caminho. Nós, os Novos Murphys, NUNCA desistimos.

Poucos caminhos para o sucesso apresentam mais obstáculos do que aquele que leva à fama e à fortuna em Hollywood. Todos os dias surge um futuro astro pronto para conquistar o mundo do entretenimento. Para um ator esperançoso, toda e qualquer informação sobre a intensa competição é empurrada para o fundo da mente. O aspirante a astro pensa: "Pessoas são descobertas a todo instante, por que não eu?" De fato, com muita perseverança, alguns realmente alcançam o estrelato – como aconteceu, por exemplo, com Matt Damon e Ben Affleck em 1997.

Os dois se conheceram quando eram crianças, em South Boston.

Ben já tinha conseguido alguma celebridade fazendo trabalhos na televisão para uma série de TV. Como Matt também tinha o sonho de ser ator, os dois logo se tornaram amigos. Foi no início da escola secundária que eles começaram a maquinar seus planos para tomar Hollywood de assalto.

As tentativas dos jovens de “entrar para o negócio” muitas vezes terminaram em decepção. Certa vez, Ben até conseguiu marcar um teste para eles na Disney. Ele e Matt se vangloriaram junto aos amigos, dizendo que iam participar de uma reunião com o presidente da Disney Studios. Qual não foi sua surpresa quando lá chegaram e descobriram que iriam apenas fazer um teste para atuar no programa de TV *Clube do Mickey*. Bem... não era o papel glorioso que eles tinham imaginado, mas já era alguma coisa.

Anos depois, os dois decidiram ir para Hollywood e resolveram dividir um pequeno apartamento em Los Angeles. Apesar das enormes dificuldades, iam acumulando uma pequena lista de aparições na TV, todas longe de serem classificadas como inesquecíveis. Em 1992 fizeram o filme *Código de Honra*, mas quem recebeu a maior parte da publicidade após o lançamento foram outros dois jovens atores, Chris O’Donnell e Brendan Fraser. Teste após teste, recusa após recusa, eles continuavam a seguir em frente. É claro que estavam cansados de só ter dinheiro para comer massas, mas, em vez de pegar o ônibus de volta para casa, os dois amigos chegaram a uma decisão crucial: se ninguém queria escalá-los para um papel, eles se escalariam para um. Resolveram desenterrar uma peça de um ato, com quarenta páginas, que Matt tinha começado a escrever para uma aula de inglês há alguns anos. Em 1992, os dois atores decidiram transformar esse fragmento em roteiro para um filme de longa metragem.

A história era sobre um personagem chamado Will, um prodígio em matemática oriundo de um lar desfeito e de um bairro violento, que nunca fizera uso de seus talentos. O cenário eram as ruas de

South Boston, onde a dupla havia crescido, e os personagens eram vagamente baseados nas pessoas que eles conheciam. Matt interpretaria o protagonista e Ben iria contracenar em um papel secundário, como o melhor amigo de Will. Os dois trabalharam duro para escrever diálogos que aprofundassem as emoções humanas mais básicas, para colocar na boca dos personagens palavras que soassem reais e convincentes para o público.

Matt e Ben trabalharam esporadicamente durante cinco anos, deixando o filme de lado de vez em quando para fazer os pequenos trabalhos que surgiam. Nesse meio tempo, o inesperado aconteceu: suas carreiras começaram lentamente a decolar. Como já era de praxe acontecer com eles, o sucesso chegou ao mesmo tempo para os dois. Em 1996, Affleck conseguiu o papel principal no terceiro filme de Kevin Smith, *Procura-se Amy*, e Damon representou Rudy Baylor em *O Homem que Fazia Chover*, de Francis Ford Coppola.

Nessa época, o agente de Damon tinha concordado em ler o script do filme deles, *Gênio Indomável*. O agente gostou o bastante para encaminhá-lo a um agente literário. Pouco depois, começou uma guerra de ofertas. Os estúdios gostaram da história e queriam comprá-la, mas preferiam escalar atores mais famosos para os papéis principais. Os dois tinham esperado, trabalhado e lutado por tanto tempo que, em troca de um cheque de um milhão de dólares ou mais, até se sentiram tentados a ceder. Mas conversaram e decidiram que ou eles interpretavam os protagonistas ou não havia negócio.

Por fim, a Miramax Films ofereceu 500 mil dólares pelo roteiro, um preço mais baixo do que o oferecido pelos outros estúdios, mas que incluía a autorização para Matt e Ben atuarem nos papéis desejados. Outra coisa que também era importante para os dois escritores e que pesou a favor da Miramax: ela concordou em rodar o filme em South Boston, em vez de obrigá-los a usar uma locação mais barata, como Toronto.

Poucas histórias de perseverança terminam de modo mais eufórico do que essa. Em março de 1998, Matt e Ben receberam o Oscar de melhor roteiro original por *Gênio Indomável.* O entusiasmo juvenil deles no palco serviu como um lembrete para a enfastiada comunidade de Hollywood de que fazer filmes deveria ser, antes de tudo, muito divertido. E, acima de tudo, lembrou a todos nós que, por mais distantes que os nossos sonhos pareçam estar, nós nunca devemos desistir de tentar alcançá-los.

Obviamente, nem todos nos tornamos estrelas do cinema, mas que podemos empregar a mesma determinação e ambição de Matt Damon e Ben Affleck, isso é uma verdade. Quer você esteja tentando aprender a tocar piano ou a jogar xadrez, pretendendo escalar o Monte Everest ou subir na vida profissionalmente, persistência e tenacidade serão sempre ótimas companhias.

As histórias que você verá a seguir são exemplos das quatro recompensas da persistência:

- Realização pessoal
- Segurança financeira
- Influência pessoal
- Impacto histórico

Alguma vez você já alimentou um sonho que jurou transformar em realidade um dia? Nesse caso, você o abandonou em face da dura realidade?

Você cultiva um talento especial que poderia fazê-lo ganhar muito dinheiro algum dia?

Alguma vez você acreditou tanto em uma causa que esteve propenso a lutar por ela indefinidamente?

Você consegue enfrentar uma oposição aparentemente insuperável sem vacilar? Você pensa no impacto que a sua perseverança terá sobre os outros?

Realização pessoal

Algumas pessoas, abençoadas com mentes ágeis e memórias fotográficas, parecem conseguir notas excelentes na escola sem esforço algum. Já outros se destacam nos esportes por terem pés rápidos e mãos fortes. As universidades americanas disputam esses dois tipos de pessoas a cada início de ano letivo, cada uma esperando atrair os melhores talentos para seu campus. O que acontece, então, a um jovem que sonha em ir para uma universidade de prestígio e jogar futebol americano pelo respectivo time, mas que não tem habilidade atlética nem acadêmica para fazer isso acontecer? Se ele for como Daniel "Rudy" Ruettiger Jr., não permitirá que isso o detenha.

Terceiro de quatorze filhos, todos diziam a Rudy que ele era muito pequeno e muito lerdo. Essa mensagem negativa vinha tanto de seus irmãos como de amigos ou professores. Nesse meio tempo, ele se divertia assistindo às façanhas do time da Universidade de Notre Dame. Como a maioria dos garotos, Rudy se imaginava jogando pela Notre Dame e contribuindo para aumentar ainda mais a fama do time. Sua estatura baixa e as notas ruins, no entanto, tornavam esse sonho cada vez mais improvável.

Após terminar o curso secundário, Rudy fez o que todos esperavam que ele fizesse: foi trabalhar no moinho onde seu pai era moleiro. Durante quatro anos, ele deu duro ao lado de seus irmãos e de seu melhor amigo, Pete. A tragédia que tirou a vida de Pete num acidente no moinho, paradoxalmente, marcou o começo de uma nova fase para Rudy. Contra os desejos da família e de sua namorada, Rudy pegou suas economias e embarcou em um ônibus rumo ao campus da Notre Dame. Aos vinte e dois anos, Rudy Ruettiger prometeu que entraria para a universidade ou morreria tentando. Infelizmente, ele não tinha a mínima idéia de como fazer isso.

Depois de viajar de ônibus a noite toda até o lendário campus, ele foi parar na soleira da porta de um dos padres da universidade. Pela primeira vez, o destino interveio em favor de Rudy. Após ouvir a sua história, o homem teve pena dele e ofereceu-se para ajudá-lo a entrar para uma faculdade, menos concorrida, que ficava nas redondezas. O padre disse a Rudy que, se ele conseguisse tirar notas boas lá, poderia se qualificar para transferência para a Notre Dame. Quanto a jogar futebol americano, o padre disse a Rudy que ele iria precisar de mais ajuda do que um simples mortal poderia lhe dar.

Rudy não perdeu tempo. Ele se inscreveu na Holy Cross e, poucos dias depois, bateu na porta de Ara Parseghian, o técnico do time de futebol da Notre Dame, manifestando sua intenção de jogar para ele. O técnico não conseguiu disfarçar a incredulidade. Mesmo assim, a determinação do rapaz impressionou Parseghian, que acabou oferecendo a Rudy uma posição, não no campo de futebol, mas na turma da manutenção.

Nos meses que se seguiram, Rudy estudou com afinco na Holy Cross com a ajuda de um tutor, fez seu trabalho no campo de futebol da Notre Dame, desenvolveu sua musculatura praticando exercícios vigorosos e passou as tardes de sábado nas arquibancadas do estádio assistindo a jogos do time. Enquanto esperava sua hora chegar, ele morou sem pagar aluguel na despensa do estádio, dormindo em uma cama de lona.

Seu primeiro boletim escolar da Holy Cross recompensou seu trabalho: Rudy tinha conseguido duas notas A e três notas B. É verdade que a Holy Cross não tinha o mesmo rigor acadêmico da Notre Dame, mas esse sinal de sucesso aumentou sua confiança, dando-lhe o incentivo necessário para continuar a lutar por seu sonho. Rudy continuou a atacar os livros com fervor, sempre consciente do fato de que só iria jogar futebol americano na Notre Dame se conseguisse ser admitido como aluno em tempo integral.

Morto de ansiedade, ele abriu correndo a resposta à sua primeira solicitação de transferência para a Notre Dame. Tinha sido recusado. A frustração não abalou sua determinação nem um centímetro. Em vez disso, ele estudou com mais afinco, fez mais musculação e, novamente, enviou seu pedido de inscrição. Novamente foi rejeitado. Após dois anos de dedicação a uma escola que não o aceitava, Rudy finalmente tinha pela frente sua última chance. Como a faculdade não aceitava transferências de estudantes que estivessem cursando o último ano, a próxima resposta selaria seu destino. Imagine as lágrimas de felicidade que caíram de seus olhos quando ele leu a palavra "Parabéns!" na carta de admissão. Agora ele poderia se concentrar na segunda parte de seu sonho.

Sabendo que a Notre Dame ainda realizava testes para escolher reservas para seu time de futebol americano, ele resolveu impressionar os técnicos. Incansável, correu o campo inteiro, fazendo lançamentos e mergulhando para alcançar as bolas. Quando o treino terminou, os técnicos conversaram entre si. Por unanimidade, todos concordaram que Rudy tinha demonstrado muito mais disposição do que qualquer outro candidato, mesmo que não levasse muito jeito para o jogo. Um dos técnicos sugeriu que eles lhe dessem uma chance de se adaptar jogando com os reservas, o que significava que iria treinar com o time durante a semana, mas não poderia participar dos jogos. Rudy não se importou: ele tinha entrado para o time!

Chovesse ou fizesse sol, Rudy aparecia toda semana para treinar, sacrificando seu corpo pela glória do time. Lá pela metade do último ano de Rudy na faculdade, seus companheiros de equipe já o admiravam por sua determinação e desejavam que ele participasse de um jogo de verdade quase tanto quanto ele próprio.

Ao chegar o último sábado da temporada – sua última chance –, Rudy viu que seu nome não estava na lista dos jogadores que entrariam em campo naquele último jogo. O desapontamento foi tão grande que, pela primeira vez na vida, ele quis desistir. Sua decepção foi tão grande que motivou seus companheiros de equipe a convencerem o técnico a deixá-lo jogar, um pedido com o qual Parseghian concordou relutantemente. Rudy Ruettiger colocou o uniforme oficial pela primeira e última vez como jogador da Notre Dame.

Seu pai assistia das arquibancadas quando os companheiros de Rudy, auxiliados pela multidão, começaram a pedir em coro: "Rudy! Rudy! Rudy!" Faltando vinte e sete segundos para acabar a partida, a temporada e a carreira de Rudy como jogador, o técnico fez sinal para que Rudy entrasse no campo. Na jogada seguinte, Rudy se atirou através de um buraco na linha e passou pelo zagueiro com todo o entusiasmo acumulado durante a vida inteira. Deixou o estádio carregado nos ombros pelos companheiros – um improvável mas arrebatador herói do futebol.

Depois de receber o diploma da Notre Dame, Rudy continuou a transformar sua incrível história em uma carreira como palestrante. Em 1993, a TriStar Pictures fez um filme sobre a sua vida, e, mais tarde, ele publicou um livro chamado *Rudy's Rules: How to Reach Your Dreams* (As regras de Rudy: como alcançar seus sonhos). Sem sombra de dúvida, Rudy Ruettiger é motivo de esperança para qualquer um que receie não possuir o dom natural necessário para vencer em uma determinada área ou carreira: as coisas podem dar certo se você NUNCA desistir.

Segurança financeira

Filha de uma família rica, Beatrix Potter nasceu em 28 de julho de 1866 no distrito londrino de Kensington, onde cresceu rodeada de criados. Seus pais deram a ela e a seu irmão mais novo, Bertram, uma educação rígida, conforme as normas da Inglaterra vitoriana, passando pouco tempo com as crianças.

A jovem Beatrix e Bertram tinham uma vida cheia de leis e

regras. Nem mesmo as férias anuais na Escócia traziam muito alívio à rotina diária, mas pelo menos propiciavam uma mudança de cenário. E não deixavam de ser uma oportunidade de explorar a natureza ao seu redor. Era comum Beatrix e Bertram pegarem coelhos, sapos e outras pequenas criaturas para domesticar. Se um dos bichinhos morria, às vezes Beatrix e Bertram lhe tiravam a pele, ferviam-no até os ossos e reconstruíam seu esqueleto.

Quando Bertram foi para o internato, a vida de Beatrix em Londres passou a ser ainda mais restrita. Era natural, portanto, que a pacata garotinha se dedicasse aos desenhos e a seus bichinhos de estimação, uma coleção formada por porcos-espinhos, ratos, coelhos, sapos e cobras. Ela mantinha as criaturinhas bem alimentadas e aquecidas. Quando elas dormiam, ela os desenhava. Pouco tempo depois, Beatrix implorou a seus pais para ter aulas de artes plásticas. Por sorte, os Potter tinham uma profunda amizade com o pintor James Whistler e permitiram que as aulas acontecessem.

Quando chegou à adolescência, Beatrix percebeu que seus pais esperavam que ela assumisse a administração da casa para eles. O problema é que ela ansiava por liberdade – liberdade esta que, curiosamente, surgiu através das artes. Tudo começou quando Beatrix escreveu e ilustrou uma pequena história infantil para os filhos de sua amiga Annie Moore. Chamava-se *The Tale of Peter Rabbit* (A história do Pedrito Coelho) e foi um sucesso. Decidida a ver a história impressa, Beatrix bateu de porta em porta nas editoras, mas recebeu uma recusa após a outra. Um editor concordou em publicar o livro, mas Beatrix teria de fazê-lo ficar maior e mais colorido. A exigência ia contra os desejos da autora, que queria um livro pequeno o suficiente para caber nas "mãozinhas" das crianças.

Beatrix resolveu que ela mesma iria publicar o livro. Para isso, usaria o dinheiro que tinha recebido ilustrando cartões e uma pequena doação de seu pai. Embora a editora Frederick Warne and Company tivesse recusado o livro anteriormente, ela decidiu enviar o livro pronto. Foi, então, que eles perceberam o potencial que havia em *Peter Rabbit* e concordaram em publicá-lo, prometendo que a decisão de usar ilustrações coloridas não aumentaria o preço do livro.

Quando a editora Warne pediu um outro livro, ela ofereceu *The Taylor of Gloucester* (A história do alfaiate velhote). Nos dez anos que se seguiram, a editora lançou, por ano, de um a dois livros de Beatrix, que se tornou uma das mais bem-sucedidas autoras de livros infantis da literatura mundial.

Sua primeira grande compra com o dinheiro recebido foi uma fazenda em Lake District, na Inglaterra. Embora ela continuasse dando o apoio necessário aos pais, Beatrix passava a maior parte do tempo nesse refúgio há muito tempo desejado. Por não ter desistido de seu sonho, Beatrix Potter conseguiu independência financeira e fez as coisas darem certo em sua vida.

Influência pessoal

Os grandes avanços na área de pesquisa médica são a maior prova do poder da perseverança. Praticamente todos os pesquisadores que trabalham na fronteira da ciência têm uma dívida para com o Dr. Jonas Salk, cuja determinação levou à cura para a poliomielite. O caminho do Dr. Salk até sua descoberta foi marcado pela tenacidade e pela ambição de fazer alguma coisa de bom para o ser humano, de "ser útil à humanidade".

O ano era 1916, e uma doença devastadora aterrorizava os Estados Unidos. A poliomielite era um predador silencioso: ninguém sabia como ela se espalhava, nem como detê-la. Quando começavam as férias de verão, a doença entrava em ação. Os pais, atemorizados e sem saber o que fazer, proibiam os filhos de nadar, brincar em parques ou até mesmo de ir ao cinema, temendo que as crianças fossem vítimas da terrível doença.

Seus receios não eram infundados; afinal, a doença atacava aparentemente do nada. Das crianças que sobreviveram à pólio, a maioria ficou confinada a cadeiras de rodas, aparelhos corretivos ou anos de reabilitação. A pólio "foi a AIDS dos anos 1950", como afirmou a revista *Life* em 1990.

Nascido em Nova York em 1914, Salk era o mais velho dos três filhos de um casal de imigrantes judeus-russos. Sua mãe não tinha instrução, e seu pai, que trabalhava no setor de vestuário, tinha concluído apenas o primeiro grau. Todavia, ambos decidiram que seus filhos iriam aproveitar todas as oportunidades abertas para eles na América. Através de bolsas de estudo e de empregos fora do horário escolar, Jonas Salk conseguiu pagar seus estudos no City College of New York, onde se formou em 1934. Embora tivesse ficado em dúvida entre direito e medicina, ele acabou por matricular-se no ano seguinte na Escola de Medicina da Universidade de Nova York.

Depois de fazer residência no Hospital Monte Sinai, ele aceitou o cargo de pesquisador na Universidade de Michigan. Com a Segunda Guerra Mundial chegando ao final, os cientistas do mundo inteiro corriam contra o tempo para desenvolver uma vacina que evitasse uma explosão de gripe semelhante à epidemia que matara milhões de pessoas quando os soldados voltaram da Primeira Guerra Mundial. Na Universidade de Michigan, Salk tentava anular os sintomas do vírus da gripe e, ao mesmo tempo, imunizar o paciente contra a doença. "Uma vez ouvi em uma palestra", explicou ele, "que era possível imunizar contra difteria e tétano usando toxinas quimicamente tratadas."

Salk percebeu que, para obter imunização contra uma doença virótica, era necessário experimentar a infecção. O que mais o impressionou foi que as duas afirmações eram contraditórias.

Quando o jovem médico levantou essa questão, ninguém ofereceu uma explicação satisfatória. E foi graças a essa contradição que ele começou a pesquisar uma vacina contra a gripe em 1947, quando se mudou para a Escola de Medicina da Universidade de Pittsburgh e se tornou diretor do laboratório.

Em 1952, a poliomielite atacou mais pessoas do que nunca: 58 mil casos foram reportados e três mil pessoas morreram. No ano seguinte, Salk anunciou que tinha desenvolvido uma vacina experimental usando um vírus de pólio morto. A idéia de injetar um vírus de pólio, ainda que morto, em um ser humano vivo alarmou tanto a população, que Salk decidiu diminuir seus temores administrando a vacina primeiro em si próprio e em sua família.

Em 1954, mais de 1,8 milhão de crianças em fase escolar se tornaram "pioneiros da pólio", participando de um teste da vacina em âmbito nacional. Foi o maior experimento médico da História e, miraculosamente, deu certo. Em 1955, a vacina foi declarada "segura, potente e eficaz" e chegou ao fim o reinado de terror "daquela que aleija". Em 1963, menos de mil casos foram reportados em todo o país. Da noite para o dia, seu nome e seu rosto apareceram nas manchetes de jornais e revistas de todo o país. Salk se recusou a patentear sua invenção. Para ele, o mais importante era que o remédio fosse distribuído para o maior número possível de pessoas.

Durante os anos 1970 e 1980, Salk começou outra jornada, desta vez para descobrir a cura do "câncer do mundo": a guerra. Ele viajou pelo mundo fazendo palestras sobre a possibilidade (e a importância) da paz. Quando o mundo da medicina precisou dele novamente, na década de 1980, para ajudar a debelar a AIDS, Salk, então com setenta anos, arregaçou as mangas. Ele fundou uma empresa de biotecnologia e dedicou-se a desenvolver uma vacina contra a AIDS, mas morreu em 1995, com oitenta anos, tentando fazer do mundo um lugar melhor para se viver.

Salk passou a vida inteira buscando resolver problemas que afligiram a raça humana: gripe, poliomielite, guerra e AIDS. Como ele disse uma vez, "a gente só erra se parar cedo demais".

Impacto histórico

O nome Winston Churchill costuma evocar a imagem de um buldogue determinado, tanto em termos de comportamento como de espírito. É difícil imaginar que, quando jovem, ele era um encrenqueiro ruivo, rebelde e genioso. Uma de suas professoras chegou a descrevê-lo como "o menino mais levado do mundo!". Seu pai, político proeminente, temia que o filho nunca se qualificasse para uma profissão respeitável. Um dia, quando viu o jovem Winston brincando com soldadinhos de brinquedo, ele perguntou ao garoto: "Você gostaria de entrar para o Exército?" Aquela idéia tomou conta da imaginação de Winston e veio a se tornar o primeiro grande objetivo de sua vida.

Infelizmente, o jovem Winston não se mostrou muito promissor como estudante, pois sua teimosia e impaciência o impediam de se dedicar a qualquer curso regular. Ele entrou para a turma de readmissão no Exército em Harrow, mas foi reprovado duas vezes. Por fim, um professor benevolente percebeu alguma centelha escondida em Churchill e deu ao garoto nota suficiente para que fosse aprovado e entrasse para a academia militar em Sandhurst. Começando finalmente a amadurecer, ou talvez animado pela confiança nele depositada pelo professor, Churchill deu uma virada para melhor. Ele passou a ser o primeiro aluno da turma e descobriu várias novas áreas de interesse, entre elas a política e a literatura.

Depois de se formar, Churchill foi designado para a Cavalaria, onde encontrou uma vida de relativo luxo e conforto. Os soldados dedicavam a maior parte do tempo à equitação, ao críquete e à bebida, atividades consideradas frívolas por Churchill. O rapaz outrora indisciplinado tinha virado um homem que perseguia dois objetivos: lutar e escrever. Como a única oportunidade de se envolver no primeiro objetivo era a guerra entre a Espanha e os rebeldes em Cuba, durante uma licença do Exército, ele convenceu um jornal londrino, o *Daily Graphic*, a pagar-lhe cinco libras para servir como correspondente de guerra.

Em 1896, o regimento de Churchill viajou para a Índia, onde ele passou seu tempo livre estudando literatura inglesa, história, filosofia e ciências. Quando um pequeno conflito irrompeu na fronteira noroeste, mais uma vez ele passou sua folga atuando como correspondente de guerra, agora para o *Daily Telegraph* e o *Allabahad Pioneer*. Durante a maior parte desse início de carreira, o jovem soldado continuou a seguir esse padrão: quando não estava a serviço ou lutando pelo Exército, procurava lutar ou escrever em algum outro lugar.

Depois que Churchill pediu baixa do Exército em 1899, foi enviado pelo *Morning Post* para cobrir a guerra na África do Sul. Ele escreveu histórias comoventes de sua própria captura, prisão e fuga dos bôeres (sul-africanos descendentes dos colonizadores holandeses), relatos que o elevaram ao primeiro plano dos jornalistas ingleses. Em 1900, Winston Churchill ganhou sua primeira eleição para um cargo público, como representante do Partido Conservador no Parlamento. Porém, logo percebeu que os membros do partido ficavam exasperados com seus pontos de vista francos e pouco ortodoxos, o que acabou propiciando sua transferência para o Partido Liberal. Como ficou claro com o passar do tempo, a política satisfazia seus anseios por uma boa briga e pela expressão eloqüente de idéias.

Ele serviu ao povo inglês de várias formas e, em 1911, tornou-se ministro da Marinha, liderando a expansão naval britânica que precedeu a Primeira Guerra Mundial.

No período entre 1929 e 1939, Churchill não ocupou nenhum cargo no novo governo. Mesmo assim, continuou em contato com o público, como escritor. Ele advertiu muitas vezes sobre o que significava o desenvolvimento da Alemanha nazista para a Europa: uma ameaça em potencial. Ninguém deu atenção a essas premonições. Quando a Segunda Guerra Mundial foi deflagrada em setembro de 1939, o primeiro-ministro da Grã-Bretanha, Neville Chamberlain, indicou mais uma vez o nome de Churchill para ministro da Marinha.

Chamberlain revelou-se um líder fraco e ineficiente, mantendo seu país fora do conflito enquanto as forças nazistas ocupavam a Dinamarca e a Noruega. Em maio de 1940, quando os alemães invadiram a Holanda e a Bélgica, Chamberlain não se posicionou politicamente. Depois de muitos protestos por parte da população, ele renunciou. Isso possibilitou a ascensão de Winston Churchill a primeiro-ministro. Churchill avisou ao povo que ele não poderia oferecer nada mais do que "sangue, suor e lágrimas".

Enquanto Chamberlain ficara indeciso, Churchill agiu com a determinação de um buldogue, declarando que a Grã-Bretanha iria lutar contra a tirania nazista mesmo que fosse o único país a resistir. "Nós lutaremos na França, lutaremos nos mares e nos oceanos, lutaremos com uma confiança crescente e cada vez mais força no ar. Nós lutaremos nas praias, lutaremos nos campos de pouso, lutaremos nas ruas e nos campos de batalha, lutaremos nas montanhas, mas nunca nos renderemos!"

A determinação de Churchill motivou a nação inteira. Quando Hitler enviou sua força aérea – a Luftwaffe – para subjugar a Grã-Bretanha antes de invadi-la, a reduzida força aérea britânica conseguiu rechaçá-la. Homens afluíam das cidades atingidas pela

Luftwaffe, oferecendo-se como voluntários para servir até a morte. A coragem demonstrada pelos ingleses forçou Hitler a adiar a invasão planejada e, por fim, a abandoná-la de vez.

Além de motivar seus compatriotas a não desistir da luta, Churchill também estabeleceu um compromisso de apoio com os Estados Unidos e encorajou a América a se envolver na guerra para salvar a Europa. Junto com o presidente Roosevelt, assinou a Carta do Atlântico, pacto que obriga seus signatários a resistirem à agressão, a construírem um sistema de segurança internacional e a promoverem a liberdade, a independência e o progresso social no mundo inteiro. Depois desse acordo, os Estados Unidos despacharam mantimentos para a Grã-Bretanha a fim de ajudar a mudar o curso da guerra.

Churchill tornou-se o embaixador de todos aqueles que optaram por lutar contra a guerra resistindo à agressão nazista. Quando a Segunda Guerra Mundial finalmente terminou, em 8 de maio de 1944, foi possível constatar o quanto a perseverança de Churchill tinha valido a pena. Ele NUNCA desistiu e, agindo assim, fez as coisas darem certo não apenas para seu próprio país, mas para o mundo inteiro.

A perseverança e a Nova Lei de Murphy

As pessoas realmente bem-sucedidas combatem os três Fs com os três Ps, superando a frustração, a fadiga e o fracasso com perseverança, paciência e profissionalismo. A perseverança mantém você no caminho certo mesmo quando grandes obstáculos causam frustração; a paciência faz com que você mantenha o foco em seu objetivo final mesmo quando o cansaço surge em seu caminho; e o profissionalismo – o constante refinamento de seu talento e habilidades – transforma cada fracasso em uma nova oportunidade de realizar seus sonhos.

Neste capítulo encontramos histórias de pessoas que nunca desistiram, por maiores que fossem a frustração, a fadiga ou a sensação de fracasso que elas possam ter sentido quando as coisas ficaram difíceis. Elas nos oferecem cinco lições importantes:

Lição 1: Trace seu próprio destino. Matt Damon e Ben Affleck não ficaram sentados esperando que o sucesso caísse do céu. Eles traçaram seu próprio destino, botaram pé firme e não desistiram, certos de que possuíam talento para vencer em Hollywood.

Você costuma se lamentar pelo seu "azar"? Quando as coisas não saem do seu jeito, você senta e espera que outra pessoa faça com que elas dêem certo ou toma conta da situação e faz por onde para atrair a sorte?

A sorte não sorri apenas para os sortudos, ela sorri também para aqueles que agem com determinação. Use os três Ps para fazer a sorte sorrir para você.

Lição 2: Risque a palavra "impossível" de seu dicionário. Rudy Ruettiger não desistiu mesmo quando todo mundo lhe dizia que ele nunca iria conseguir realizar seu sonho impossível.

Alguma vez você deixou que o pessimismo de outras pessoas diminuísse o seu otimismo? Como Rudy, você consegue suportar aquele risinho de deboche ou aquele olhar de incredulidade eventuais quando revela seus sonhos? Alguma tentativa fracassada de realizar um sonho já fez você voltar para casa com o rabo entre as pernas? Ou você transformou esse fracasso em uma oportunidade?

Não existem sonhos impossíveis, apenas pessoas que estabelecem metas muito baixas. Faça todo o possível para concentrar suas metas em seu próprio sonho "impossível".

Lição 3: Responda à recusa com determinação renovada. Beatrix Potter colecionou dezenas de recusas para a história de Peter Rabbit, mas nunca deixou que essas recusas a desencorajassem.

A recusa o deprime ou ela o estimula a se esforçar ainda mais para atingir seus objetivos? Alguma vez você já contra-atacou um fracasso com um plano criativo para o sucesso?

A maioria dos grandes artistas, escritores e inventores sofreu alguma recusa antes de finalmente alcançar o sucesso. A recusa não é uma parede de pedra, mas sim um degrau, um meio para se alcançar alguma coisa. Quando as coisas ficarem difíceis, seja valente e não desista.

Lição 4: Continue a estabelecer objetivos cada vez mais altos. Jonas Salk alcançou muitos dos objetivos que estipulou para si mesmo, mas, depois de cada vitória, ele estabelecia outra meta maior.

Atingir um objetivo com êxito faz você se sentir satisfeito consigo mesmo? Alguma vez você alcançou um objetivo e depois se acomodou no sucesso? Ou você usa um sucesso como trampolim para outro ainda maior?

Nunca se esqueça de que a vida é uma jornada interminável e que, para viver bem, é preciso almejar sempre um sucesso ainda maior do que o anterior.

Lição 5: Amadureça para o futuro. Winston Churchill tornou-se estadista, intelectual e escritor depois de um início nada promissor.

Alguma vez você se sentiu impaciente, querendo alcançar logo seus objetivos? Ou você percebe que normalmente leva um certo tempo até uma pessoa amadurecer para o futuro? Quando olha para trás, constata que seu talento e suas habilidades foram desenvolvidos de forma a aumentar suas chances de atingir seus objetivos?

Procure melhorar cada vez mais enquanto prossegue firme e pacientemente rumo a seus sonhos e desenvolve as qualidades necessárias para realizá-los.

Paciência. Perseverança. Profissionalismo. Eles oferecem o antídoto mais eficaz contra a frustração, a fadiga e o fracasso. Se você nunca se lembra de nada, lembre-se pelo menos disso: seus sonhos *podem* se transformar em realidade se você NUNCA desistir.

EPÍLOGO
Poliana era uma pessimista

Algum tempo atrás, eu estava em uma sala de reunião com mais de vinte executivos da área de saúde. Estávamos discutindo sobre como dinamizar a distribuição nessa área e, ao mesmo tempo, melhorar a qualidade dos serviços oferecidos. Depois de algumas horas de acalorado debate sobre esse objetivo aparentemente paradoxal, um administrador de hospital suspirou e disse: "É a Lei de Murphy. Se alguma coisa pode dar errado, vai dar." Como murmúrios de concordância se espalharam por toda a sala, uma límpida voz feminina exclamou: "Murphy era um otimista!"

Todos riram, e isso aliviou as tensões. Eu, então, falei sobre a Nova Lei de Murphy, ou seja, se alguma coisa pode dar certo, os indivíduos que estavam reunidos ali – os mais capazes em suas profissões – poderiam *fazê-la* dar certo. A voz feminina me interrompeu e disse: "Você não é um Murphy, é uma Poliana." Sem alterar a voz, repliquei: "Poliana era uma pessimista." Novamente todos riram, mas o companheiro que tinha murmurado primeiro sobre a Lei de Murphy – a *antiga* Lei de Murphy – levantou a mão e pediu: "Eu gostaria que você explicasse um pouco mais sobre isso, Emmett."

A Poliana original era a heroína de um romance de Eleanor Porter publicado em 1913. Ela conseguia lidar com qualquer situação – por mais catastrófica que fosse – com um otimismo desenfreado, sem nunca deixar de encontrar algo positivo nas coisas. Seu nome, infelizmente, tem sido usado de forma depreciativa para designar alguém que se mantém otimista quando pessoas mais sensíveis teriam se rendido às conseqüências de uma situação desfavorável. Por isso, eu a chamei de pessimista naquele dia – em parte por galhofa, mas também para sinalizar que, mesmo sendo um otimista irrepreensível, você só *fará* as coisas darem certo se agir. Otimismo sem ação não significa nada.

Eis a palavra-chave: ação. As dez regras citadas neste livro representam atitudes positivas que você pode tomar para fazer as coisas darem certo. Embora eu tenha tentado arrumá-las em uma ordem racional, começando com coragem e terminando com perseverança, você pode praticá-las e refletir sobre elas na seqüência que mais lhe agradar, já que não constituem um programa passo a passo, mas uma *estratégia* para a vida pessoal e profissional. Em suma, uma forma de transformar fé em ação.

Ganhar o jogo da vida particular e profissional exige mais do que a soma das regras que vocês observaram nas histórias retratadas neste livro. Praticadas junto com otimismo pragmático e humildade estratégica, essas regras criam uma sinergia entre atitudes tão diferentes quanto coragem, flexibilidade, delegação de poder, humildade, gerenciamento de tempo, controle da raiva, integridade de caráter, generosidade e perseverança. Tudo isso junto, numa mistura que é muito pessoal, permite que você chegue mais alto, trabalhe melhor e faça com que as coisas com potencial de dar certo dêem mais certo do que você imaginava ser possível.

Espero que esta página marque não o final de sua busca por fazer as coisas darem certo, mas um novo começo, uma oportunidade de aplicar a Nova Lei de Murphy em sua vida. A idéia é que você transforme os desafios em oportunidades, de modo que, quando chegar o final do dia, você possa olhar para trás sem remorso.

Obrigado por se unir a mim nessa jornada e pela oportunidade de partilhar o legado da família Murphy.

Informações sobre os Próximos Lançamentos

Para receber informações sobre os próximos lançamentos da
EDITORA SEXTANTE,
queira entrar em contato com
nossa Central de Atendimento, dando seu nome,
endereço e telefone para:

EDITORA SEXTANTE
Rua Voluntários da Pátria, 45 – 1.404 – Botafogo
22270-000 – Rio de Janeiro – RJ
Tel.: (21) 2286-9944 – Fax: (21) 2286-9244
DDG: 0800-22-6306 (ligação gratuita)
E-mail: atendimento@esextante.com.br

Para saber mais sobre nossos títulos e autores, e enviar seus comentários sobre este livro, visite o nosso site:

www.sextante.com.br

PAPEL
CHAMOIS-BULK alta performance
alcalino

Esse livro foi impresso em papel Chamois Bulk Alta Performance Dunas 90g/m² da Ripasa S/A Celulose e Papel produzido a partir de floresta plantada de eucalipto.